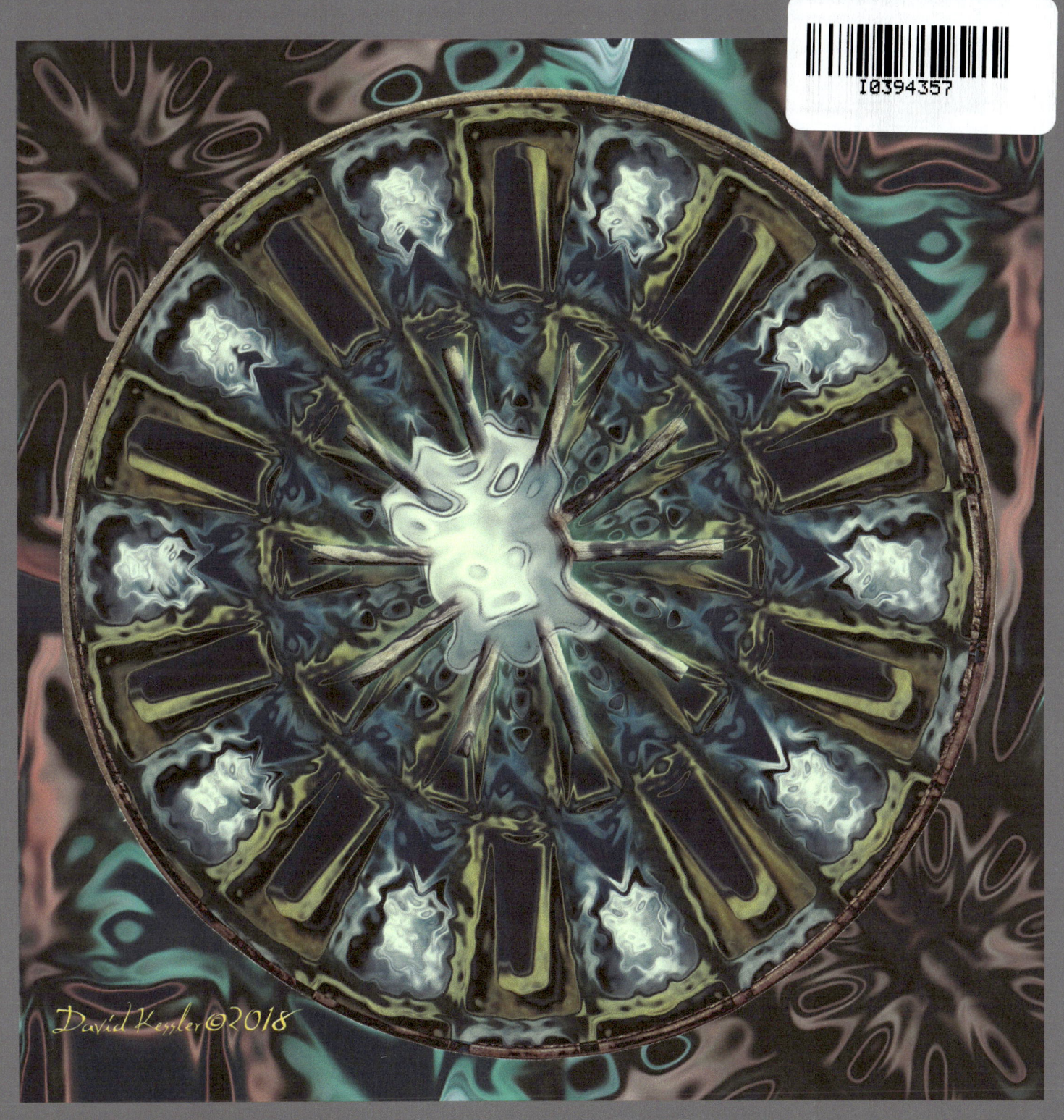

David Kessler©2018

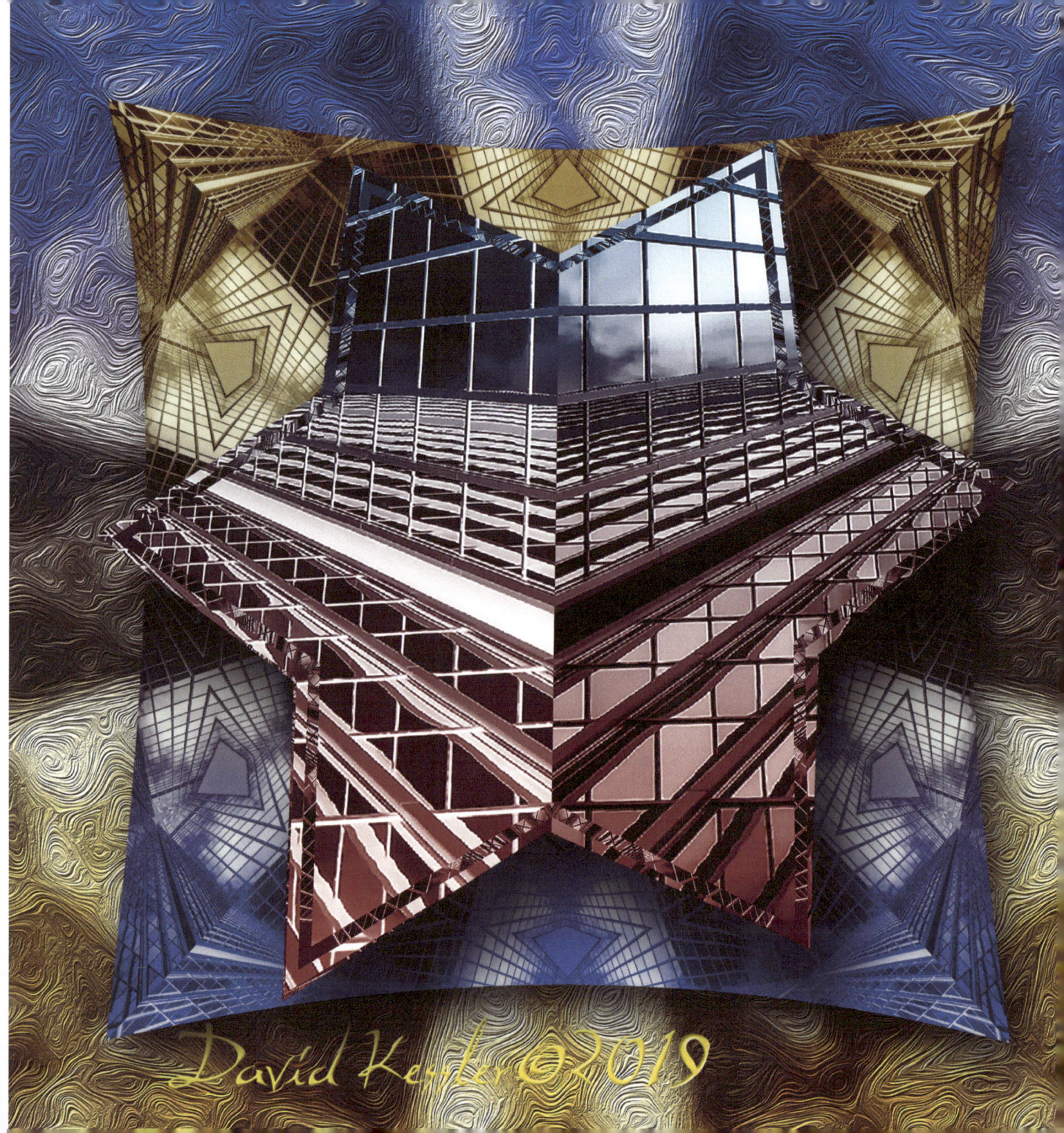
David Kessler ©2019

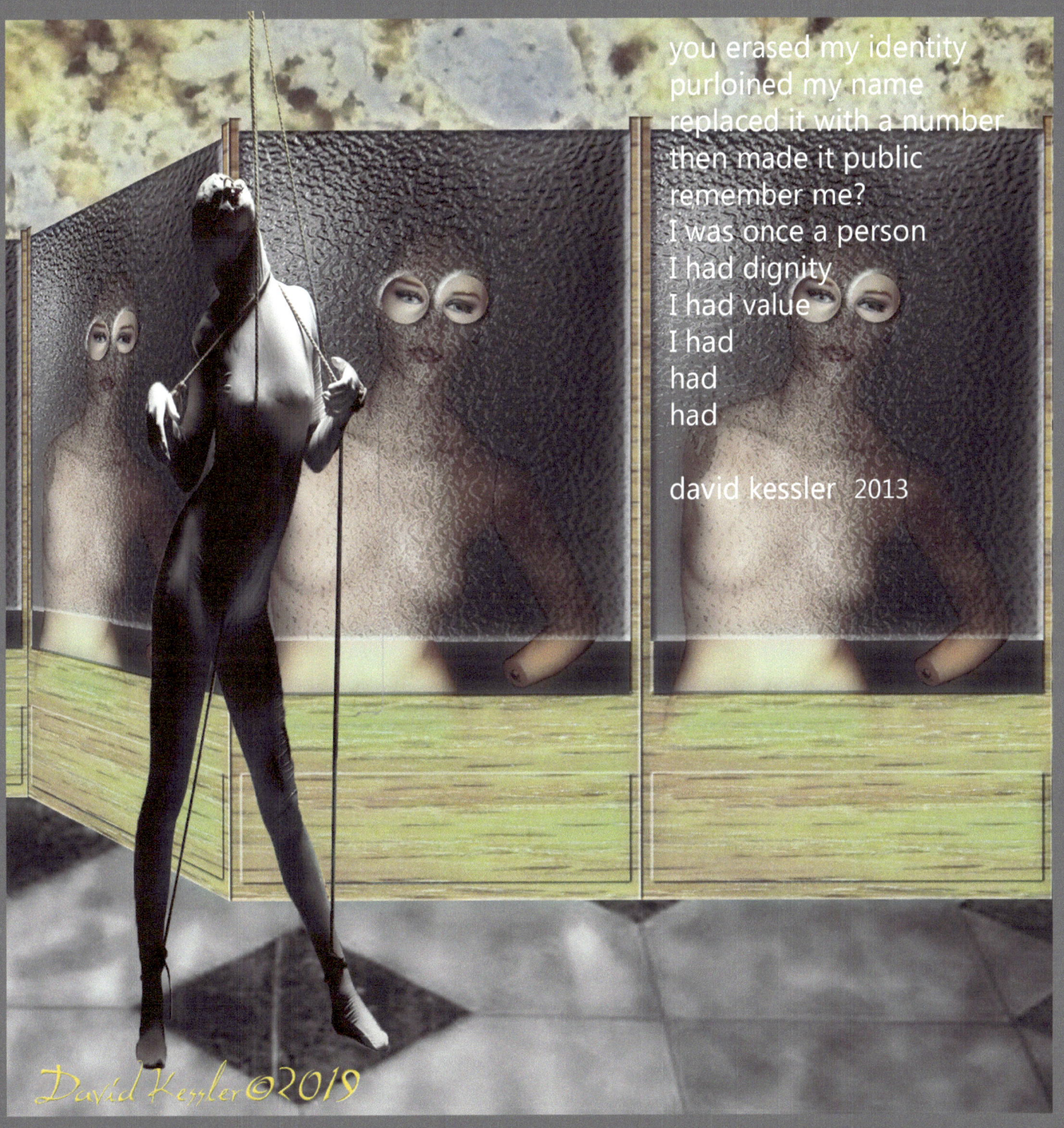

you erased my identity
purloined my name
replaced it with a number
then made it public
remember me?
I was once a person
I had dignity
I had value
I had
had
had

david kessler 2013

David Kessler©2019

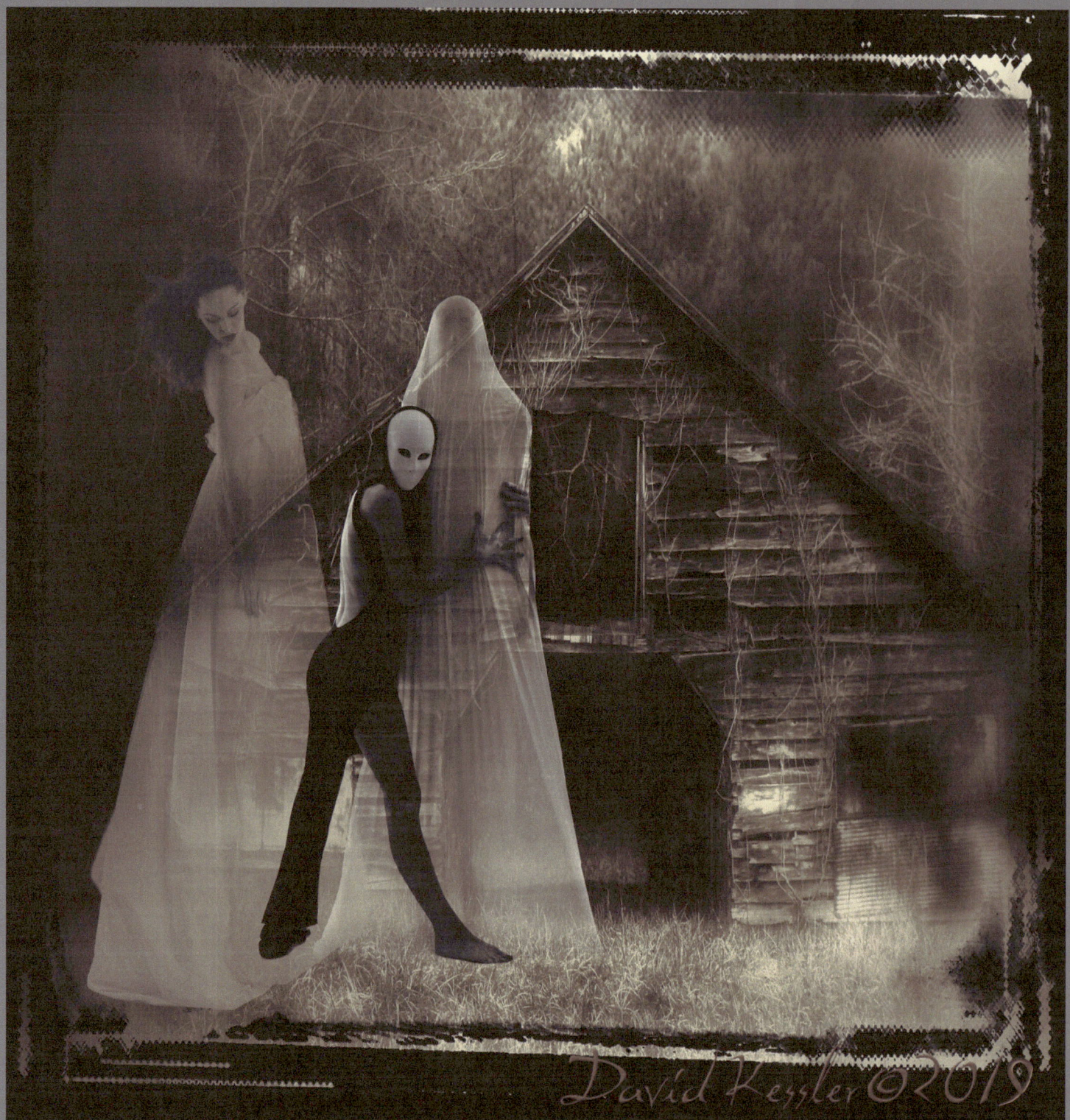

David Kessler©2019

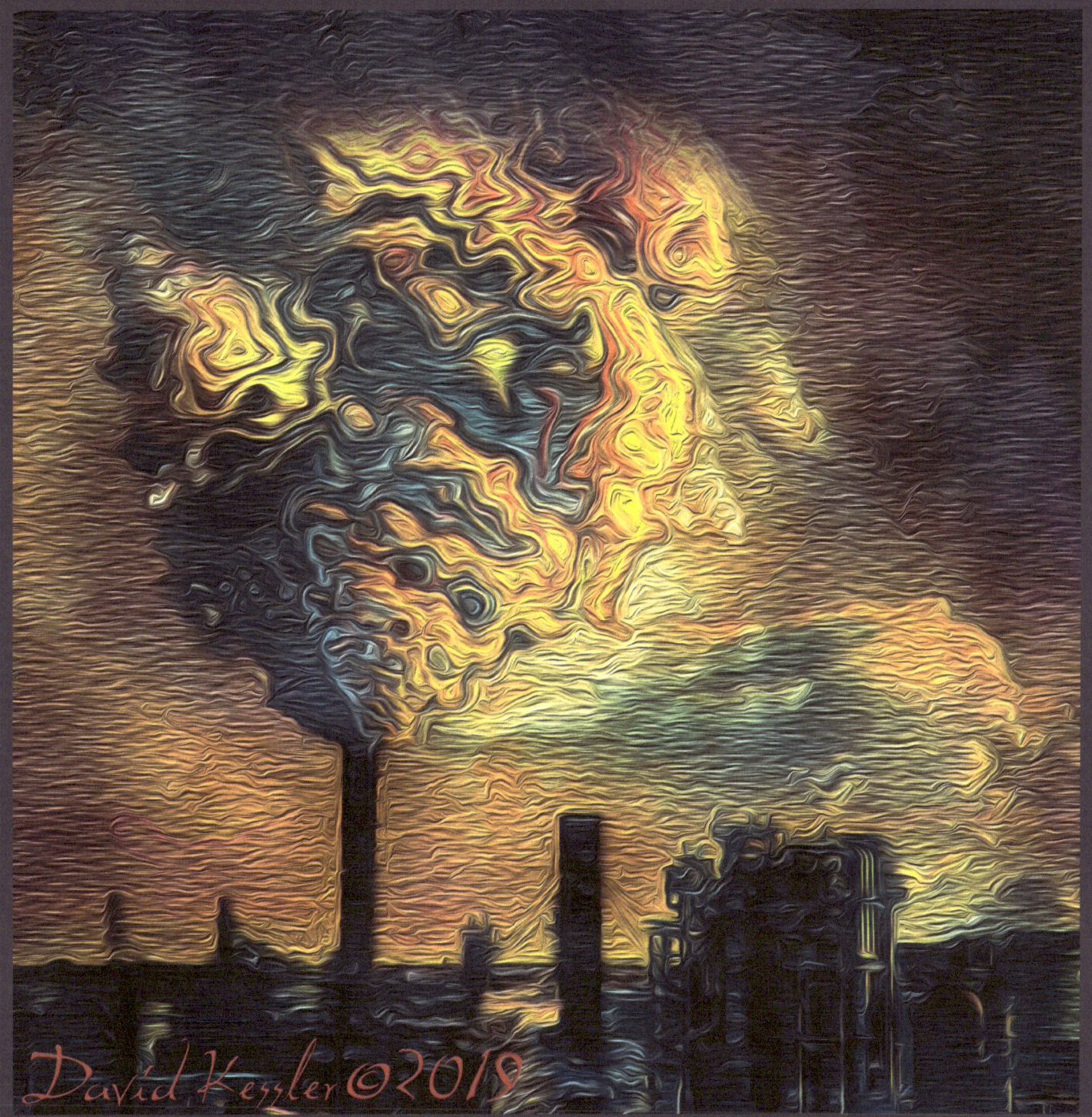

David Kessler ©2019

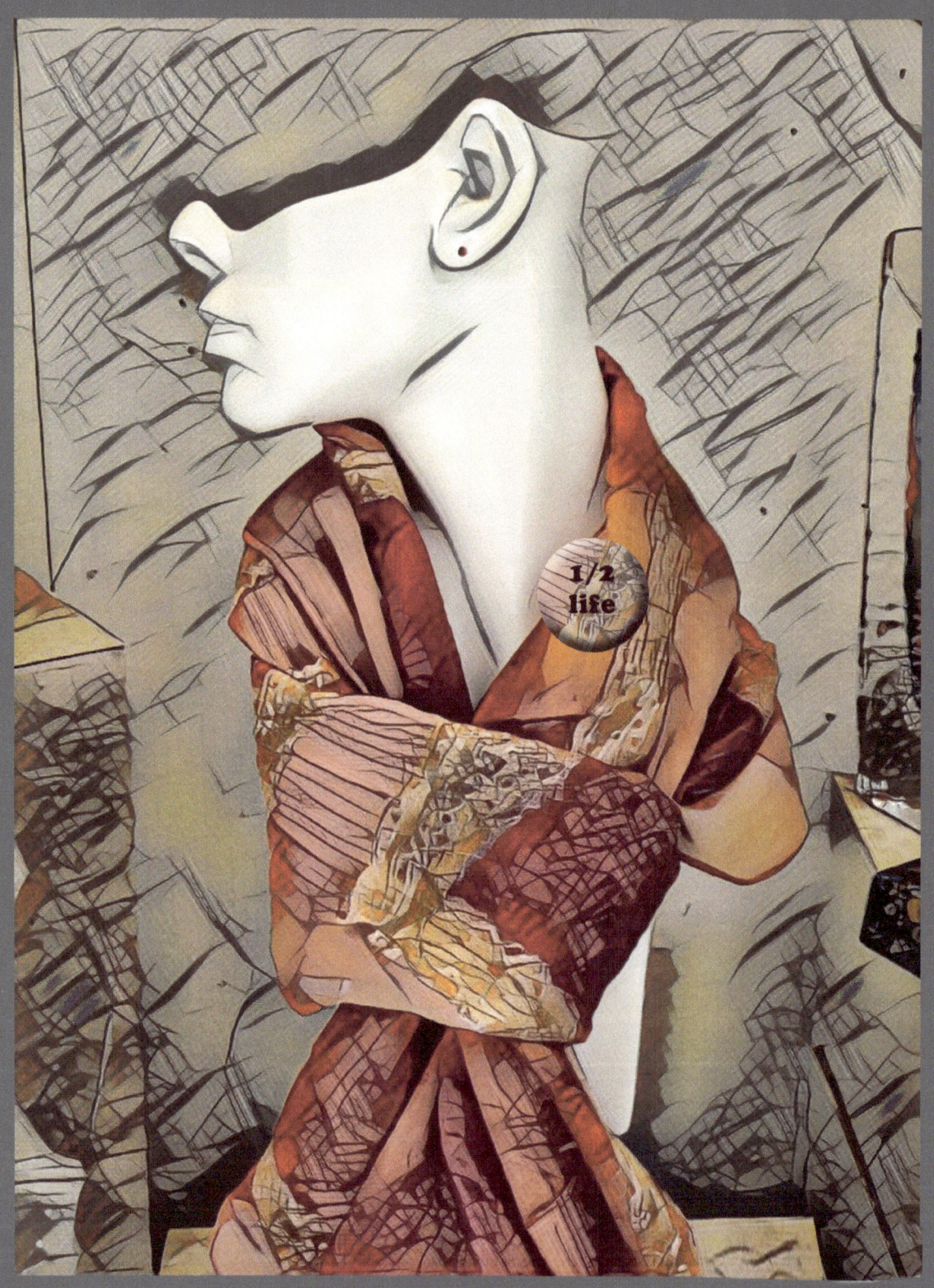

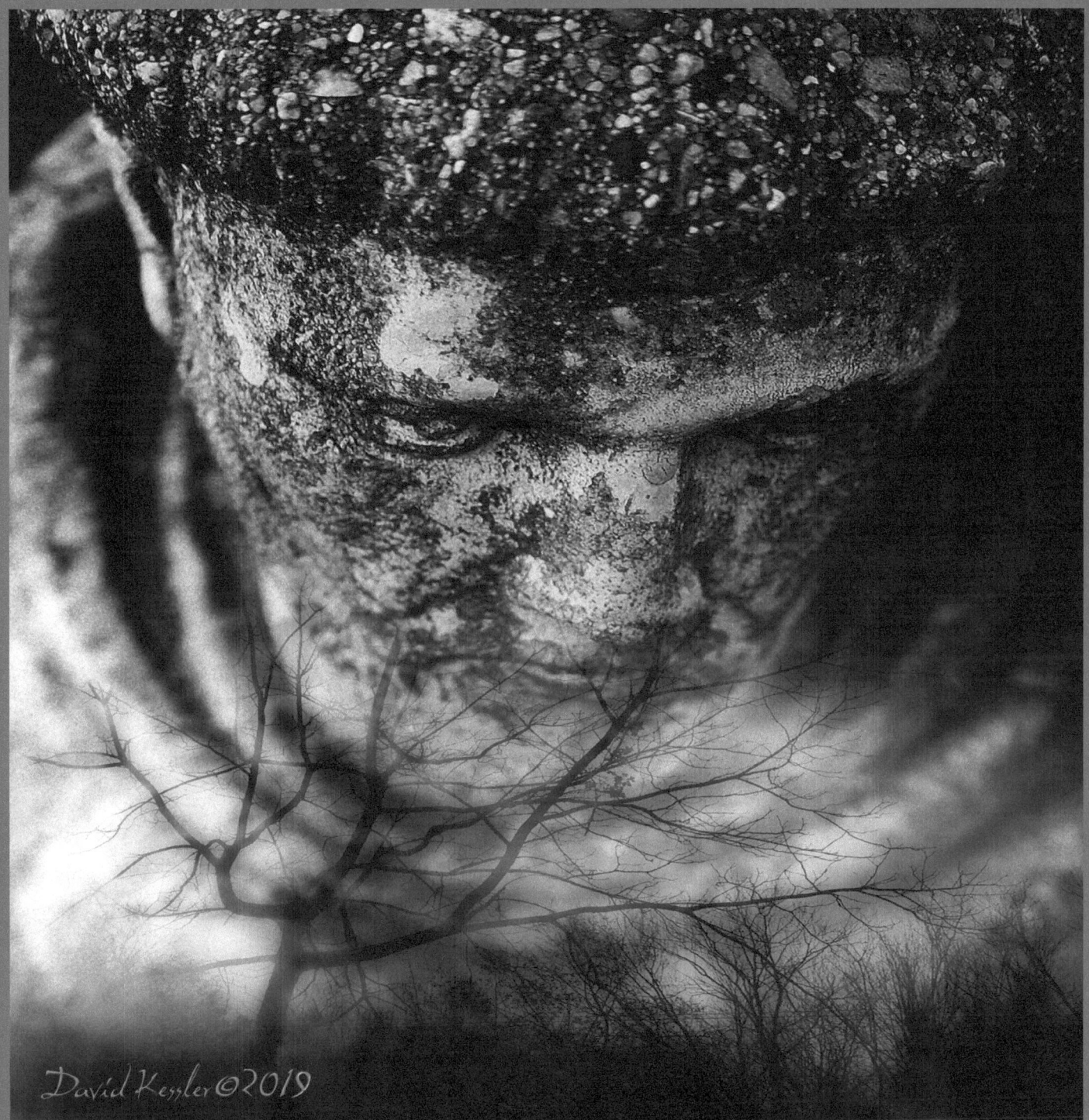

David Kessler©2019

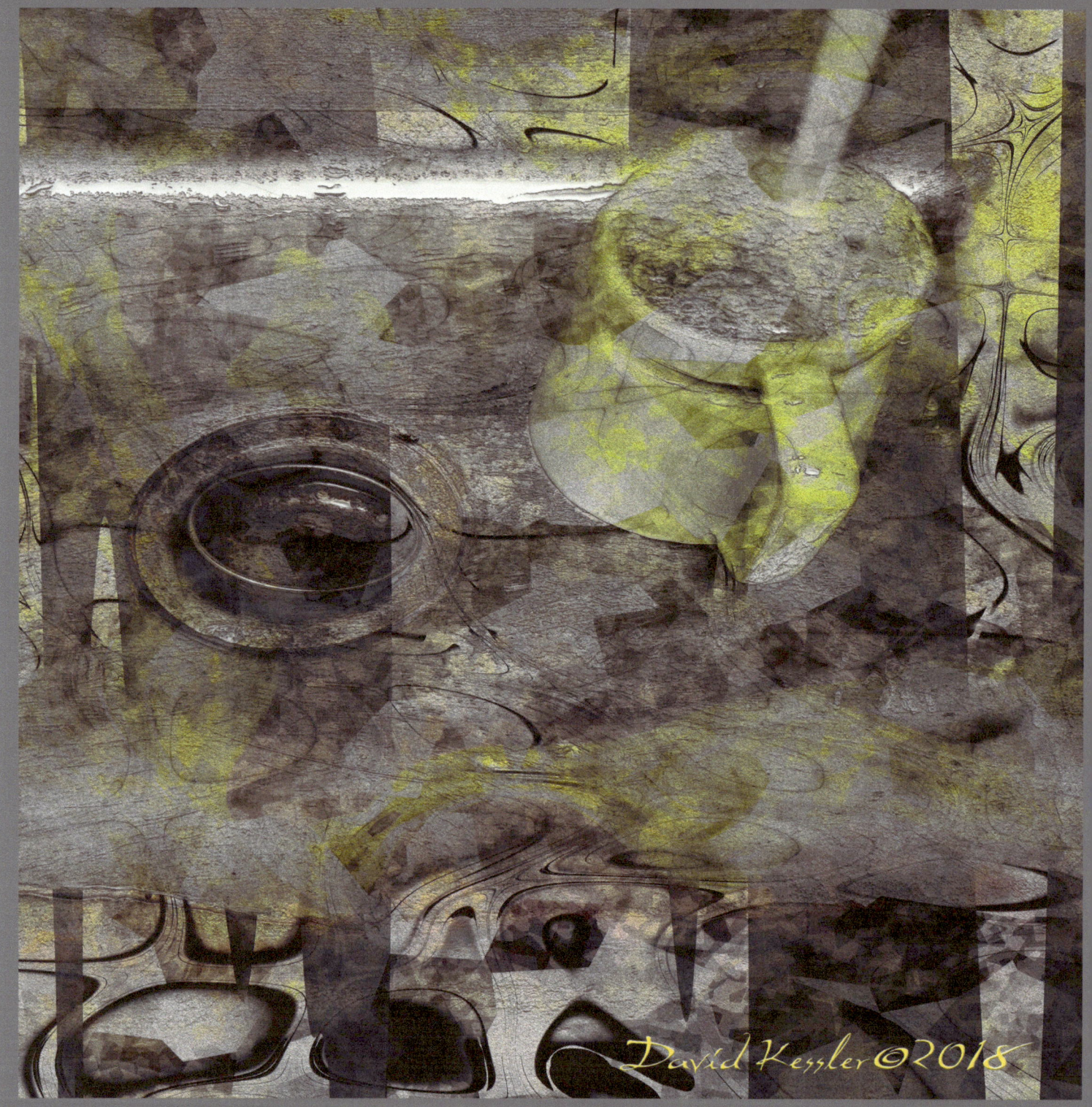

David Kessler©2018

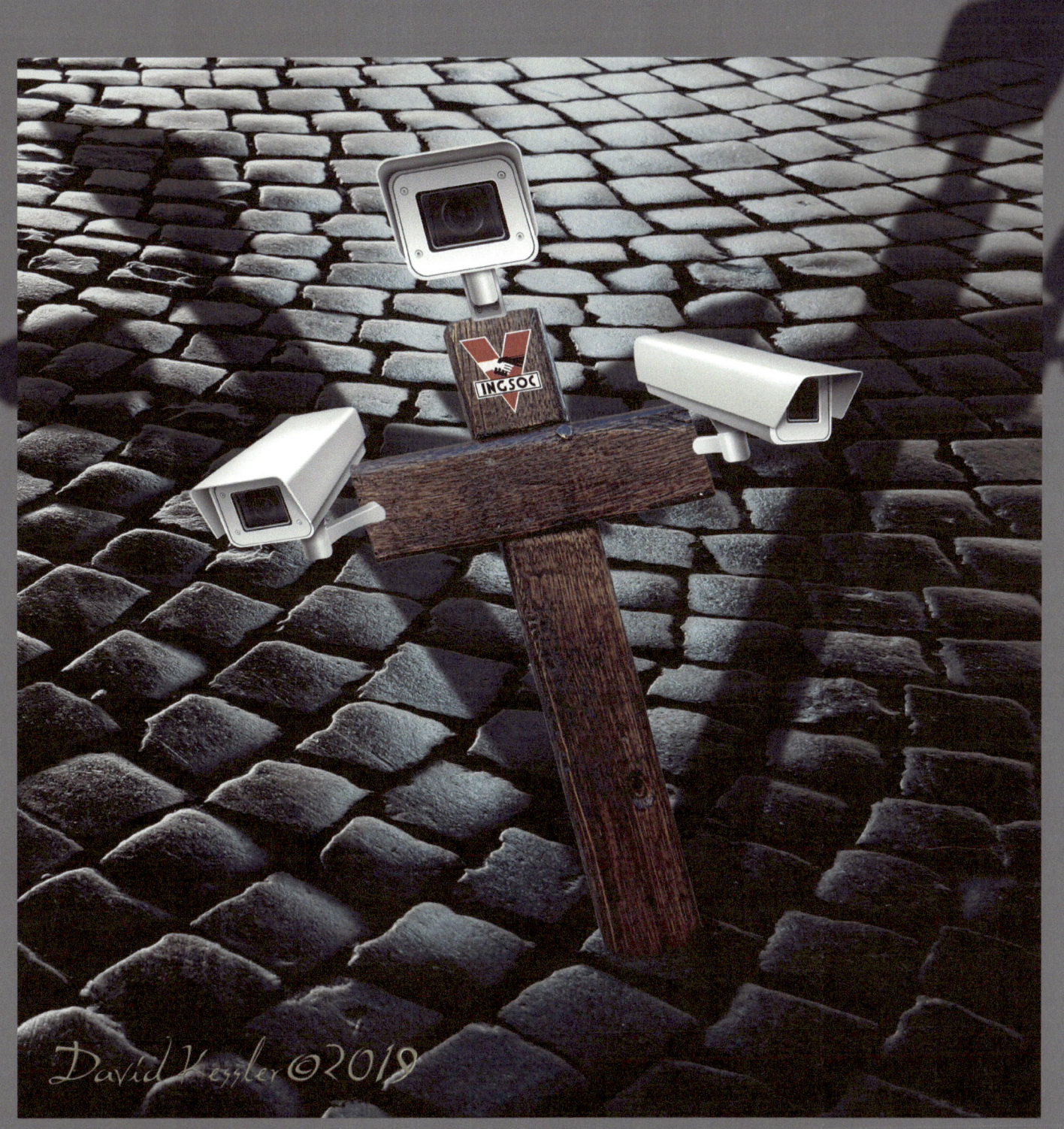

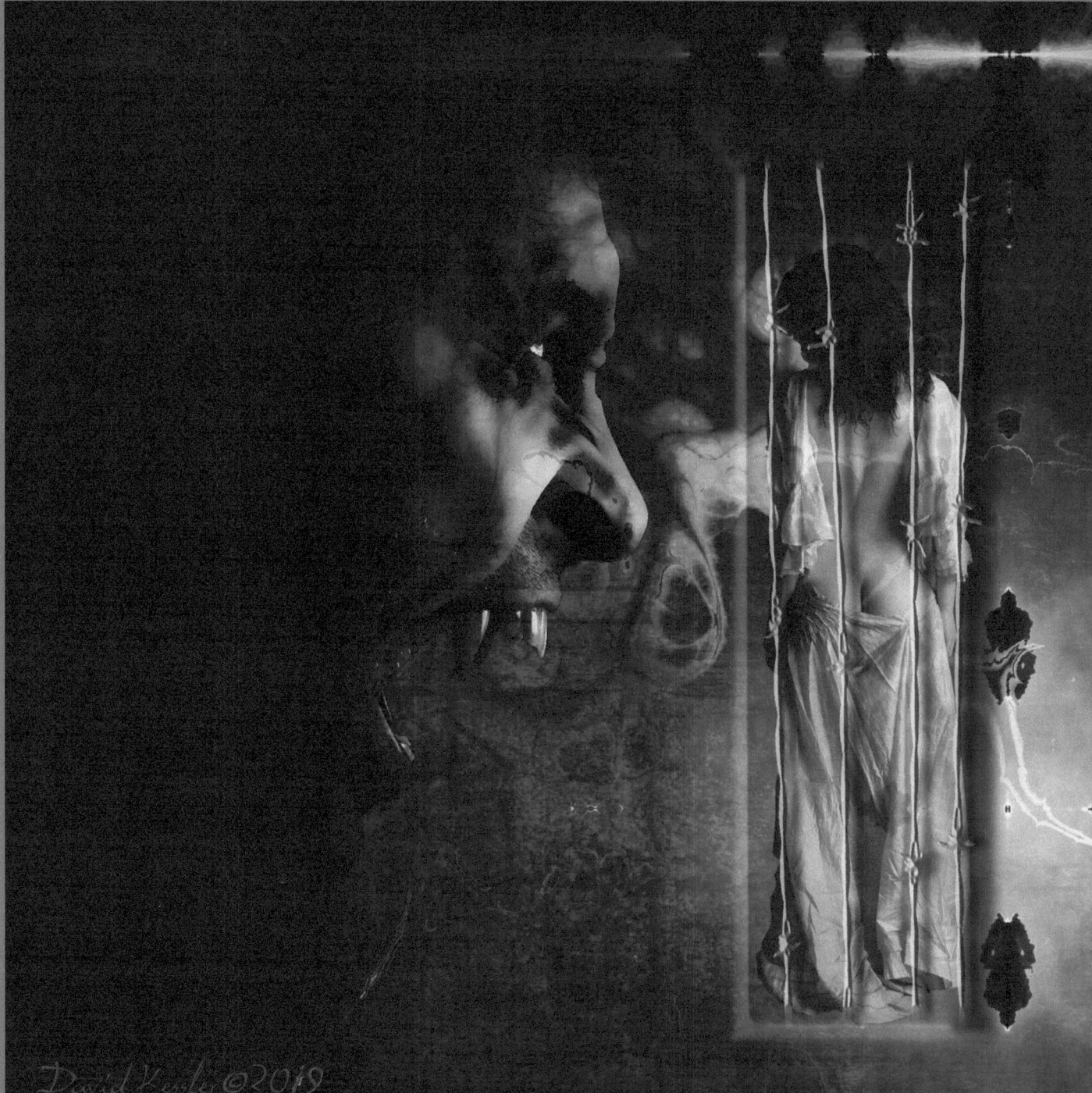

David Kessler©2019

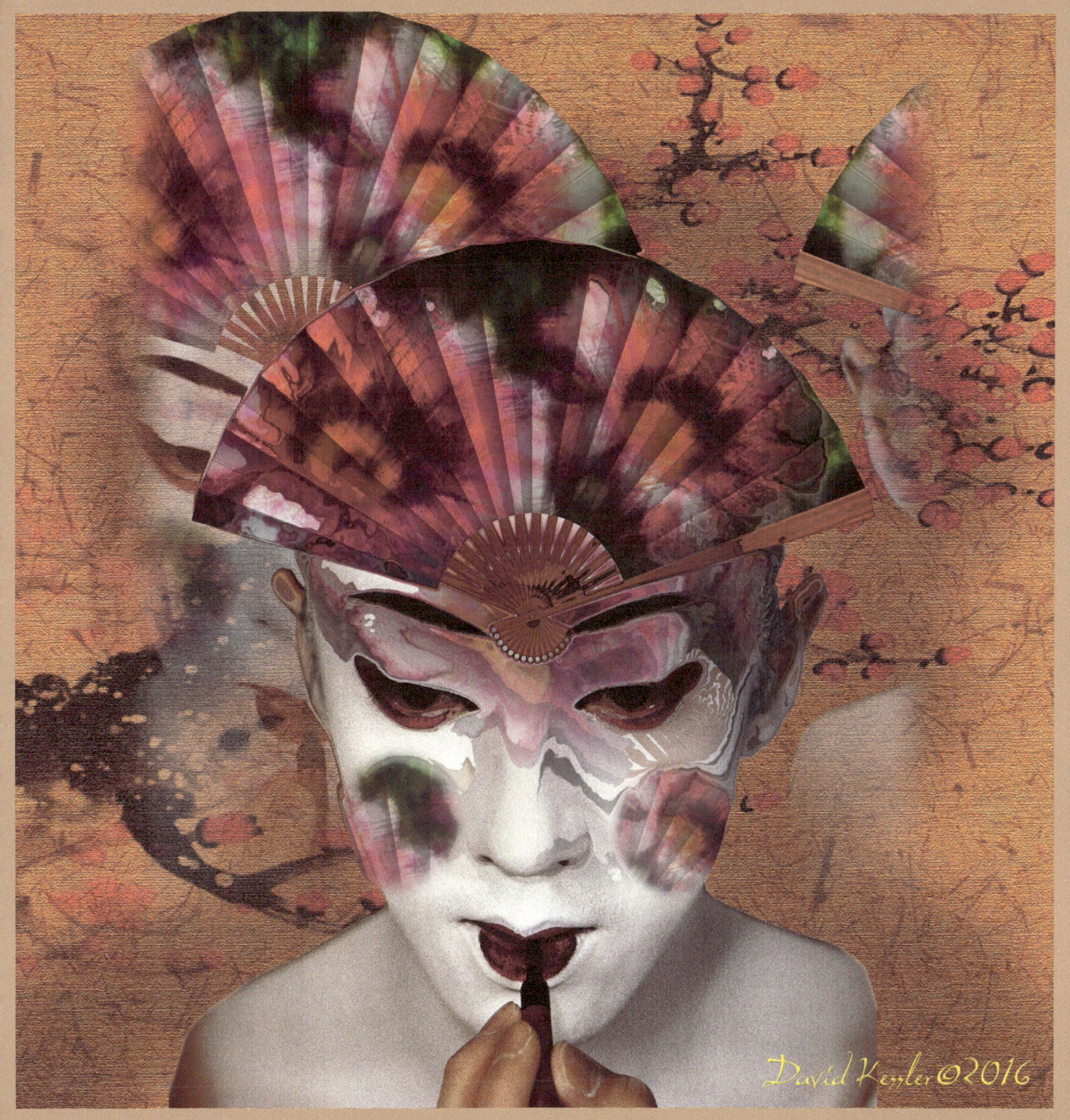

David Kessler©2016

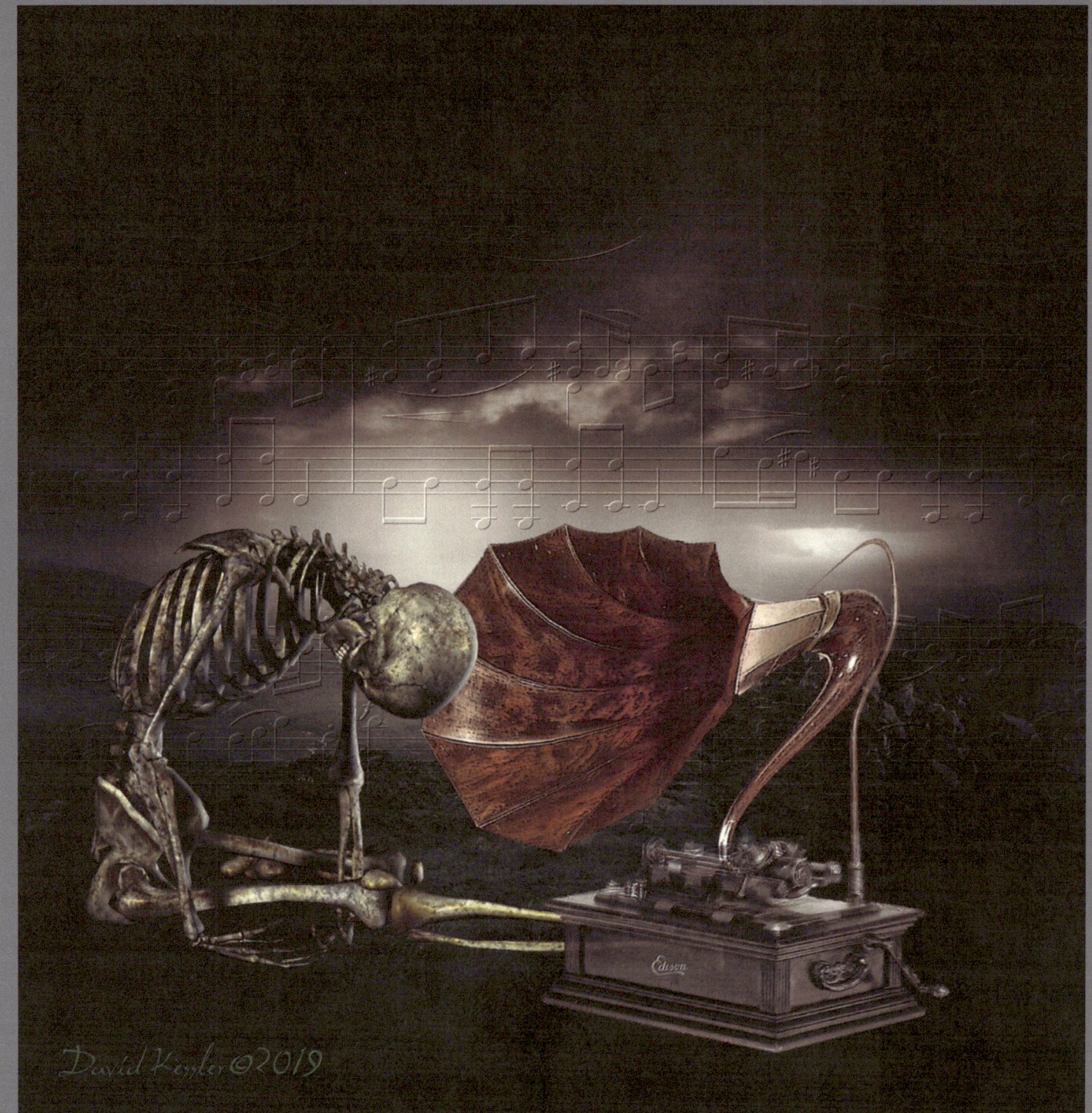

David Kessler ©2019

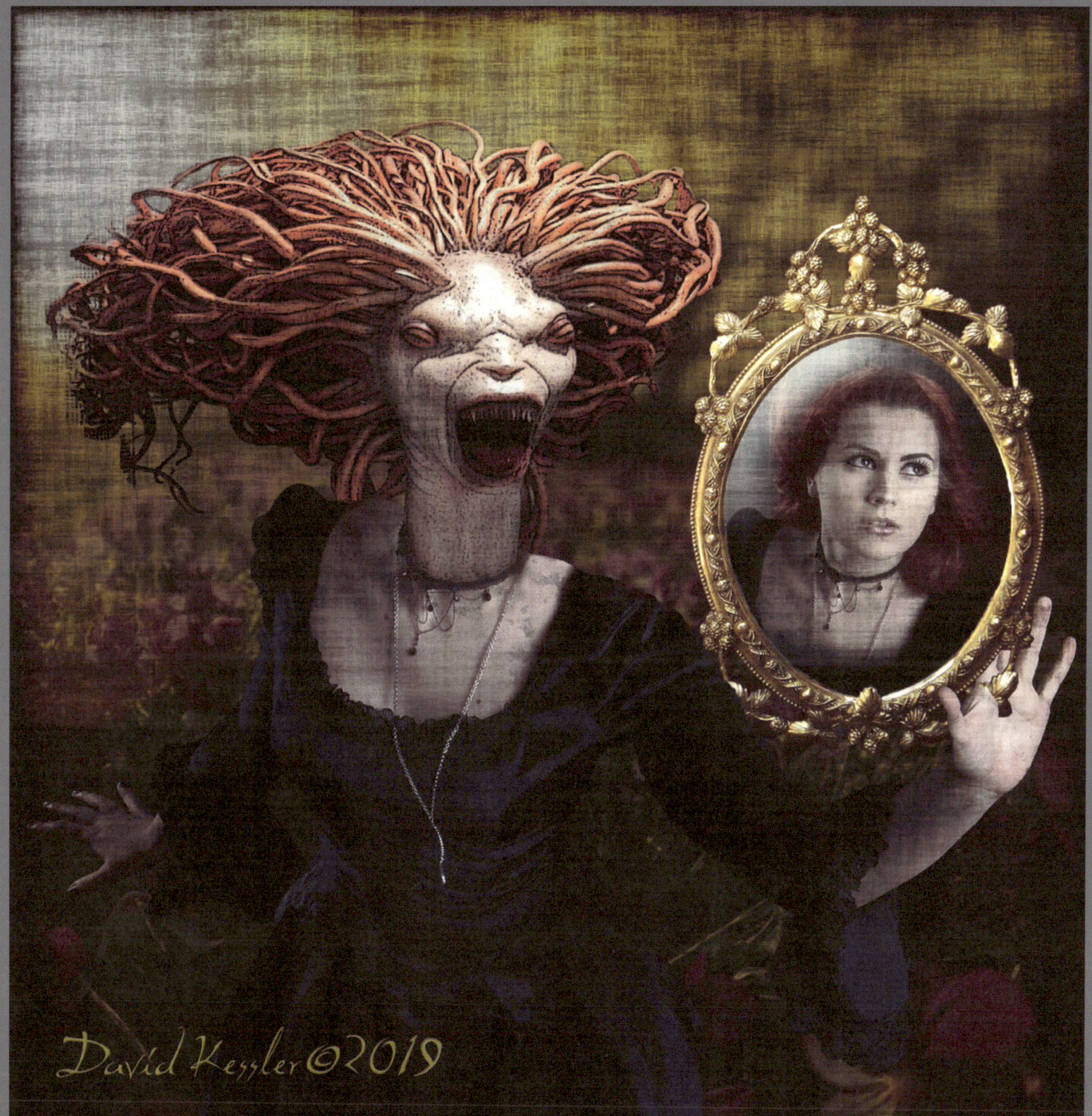

David Kessler©2019

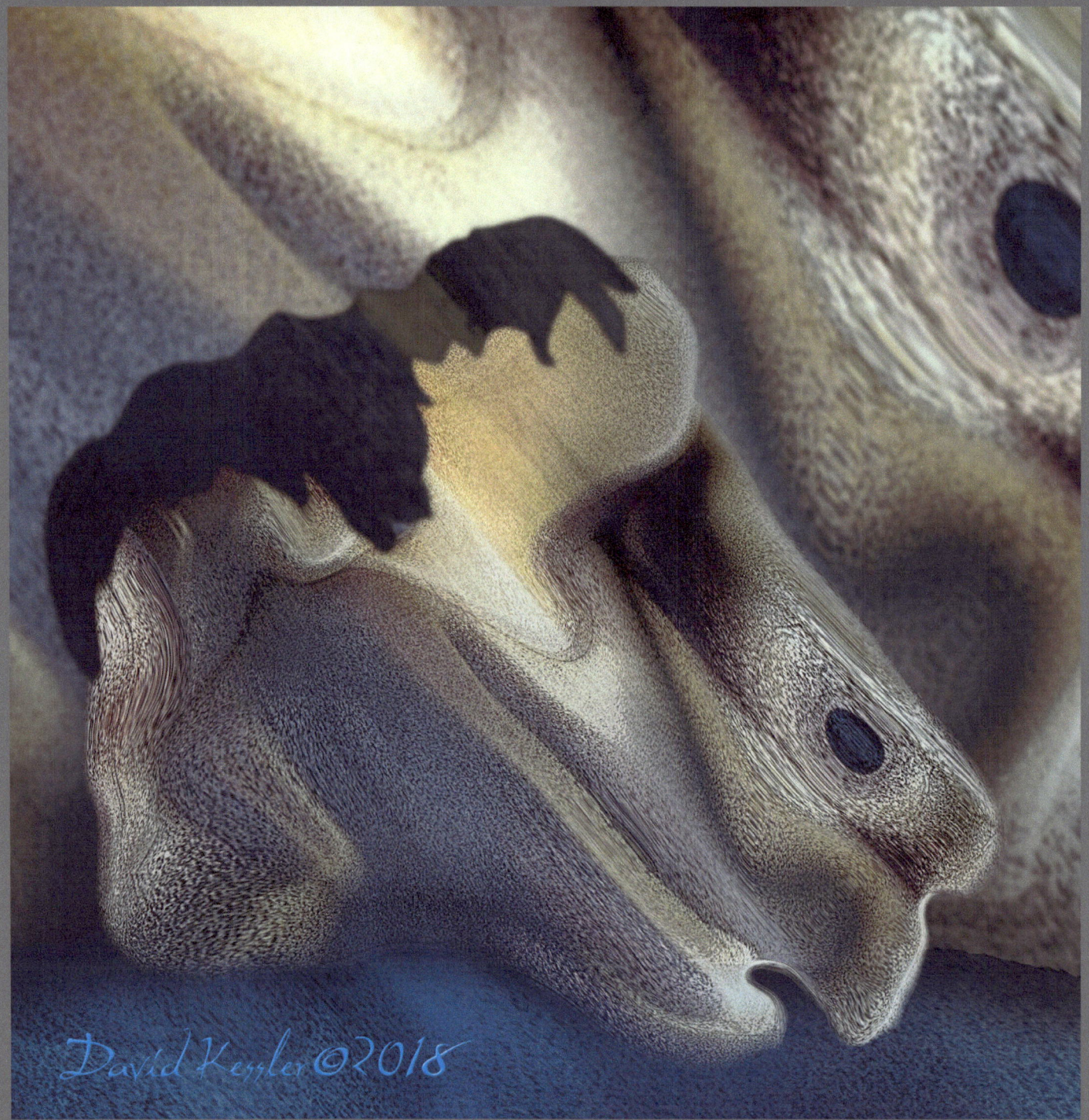

David Kessler©2018

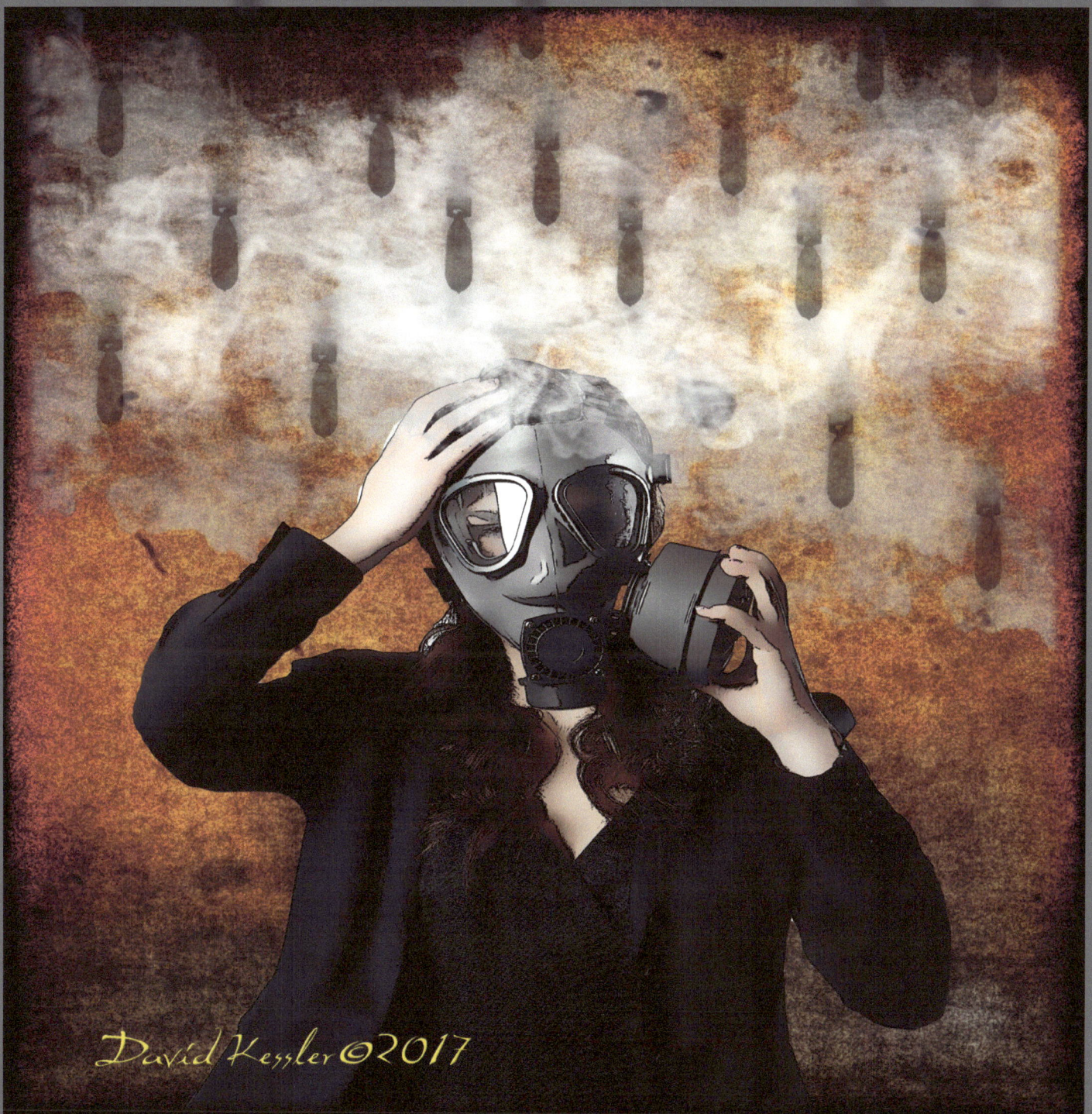

David Kessler ©2017

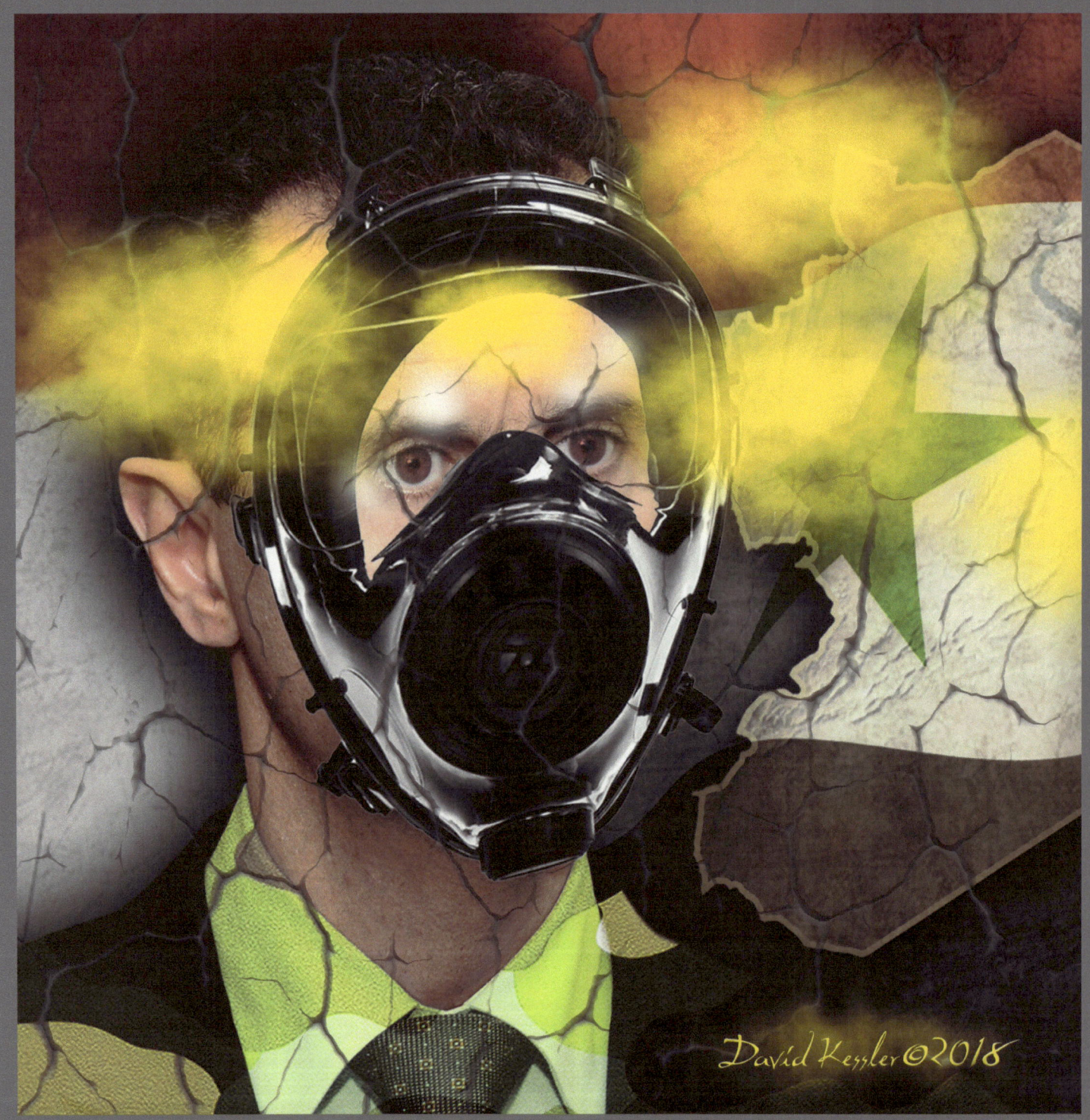

David Kessler©2018

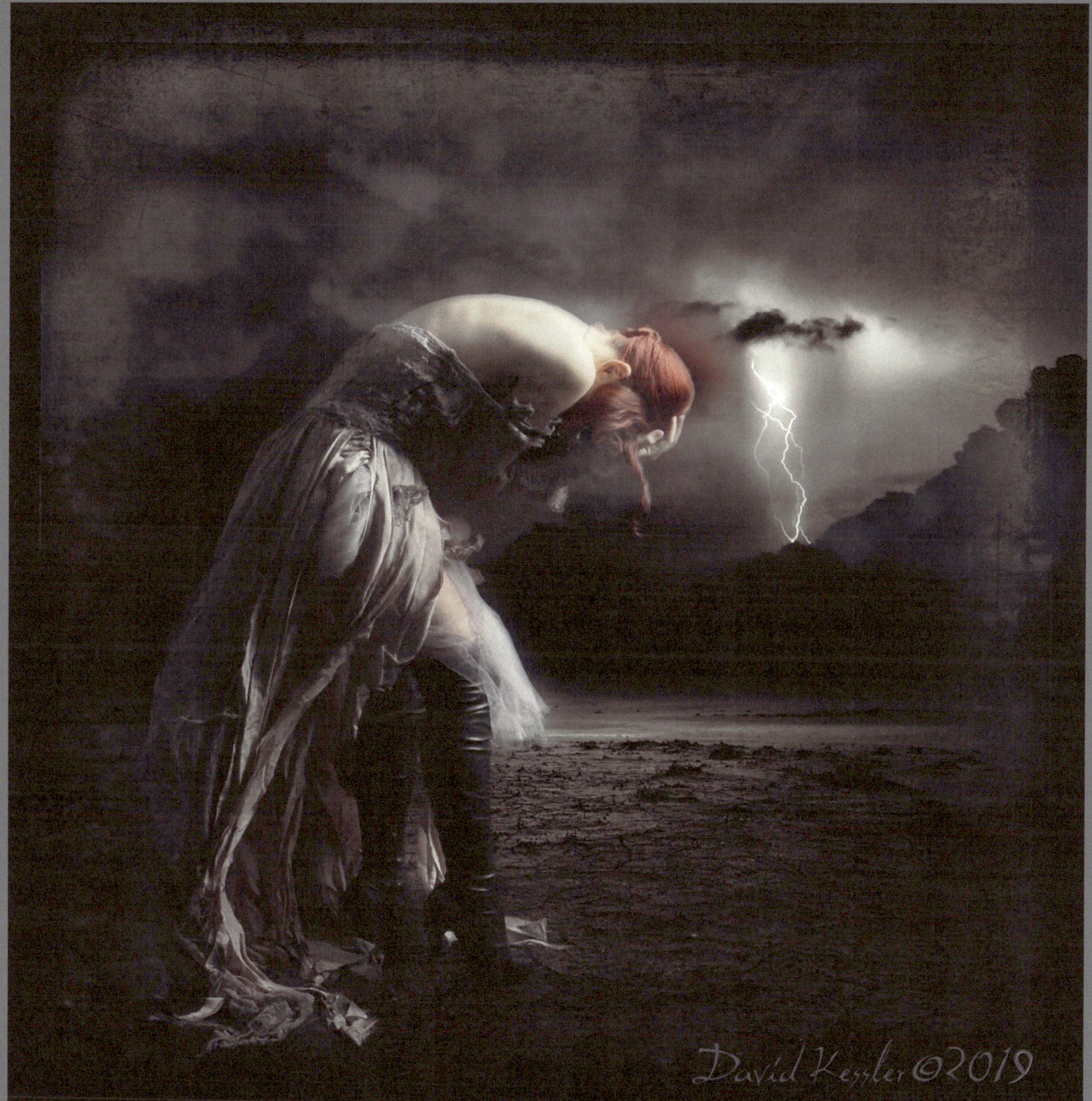

David Kessler ©2019

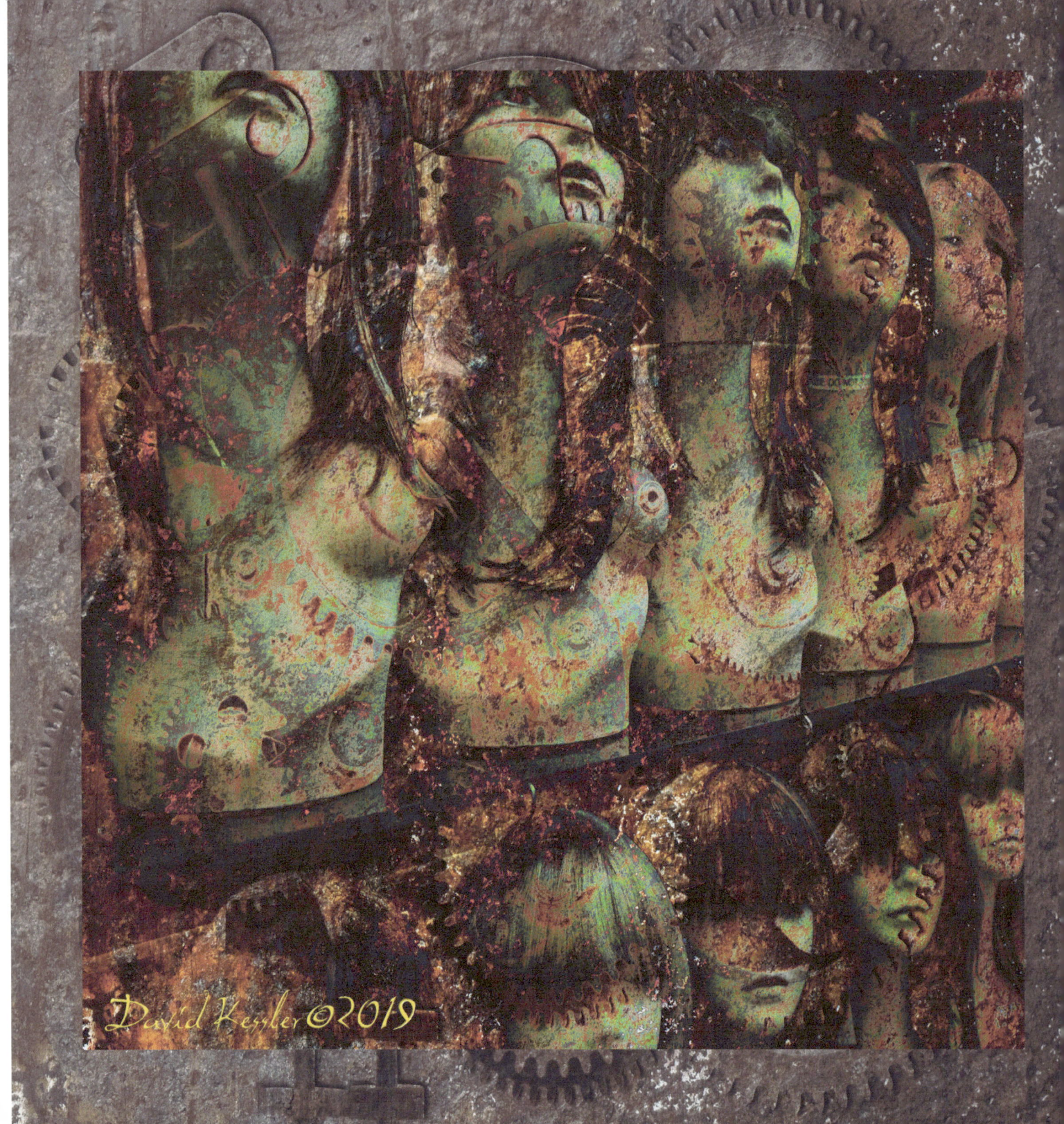

David Kessler©2019

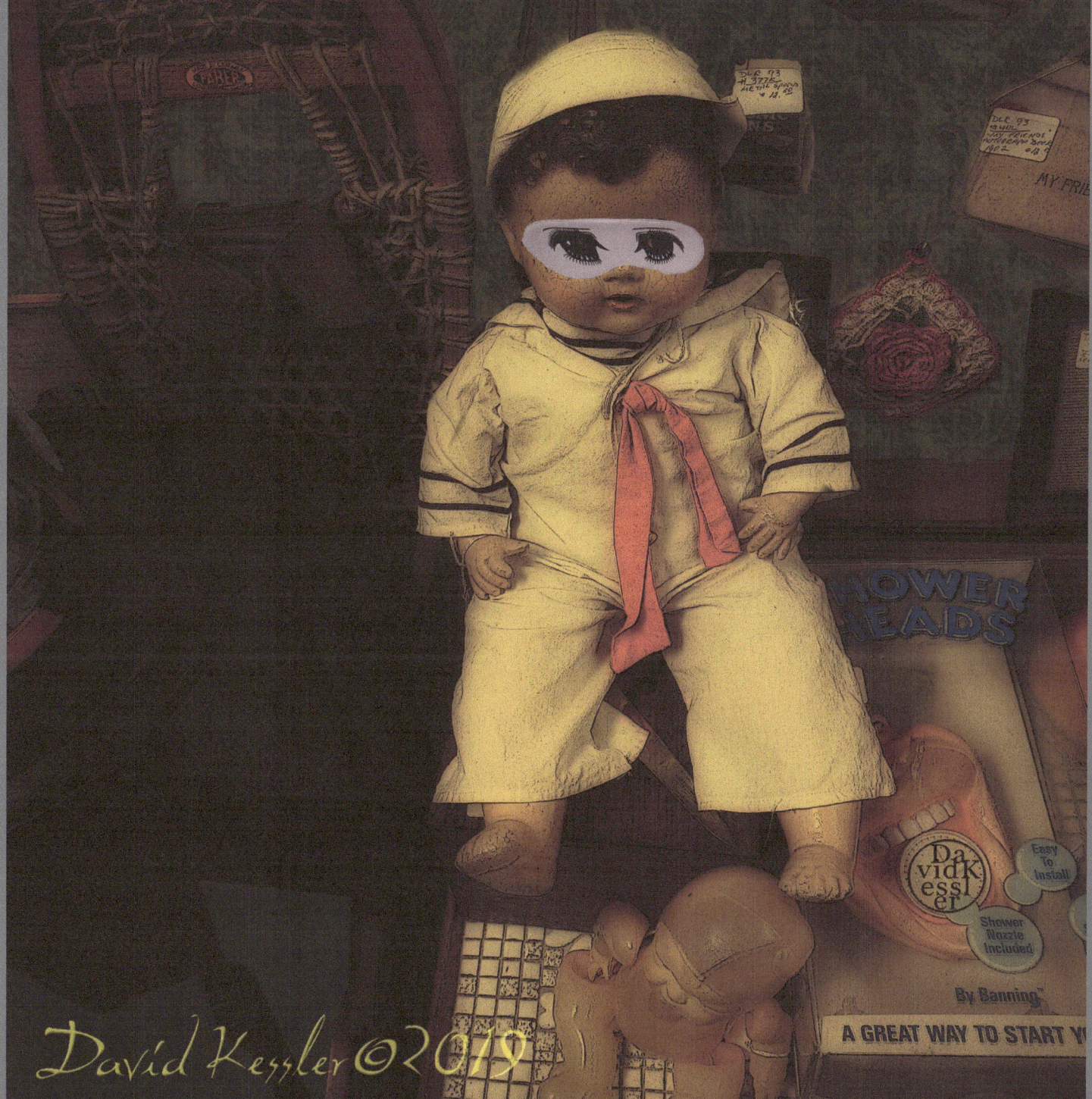

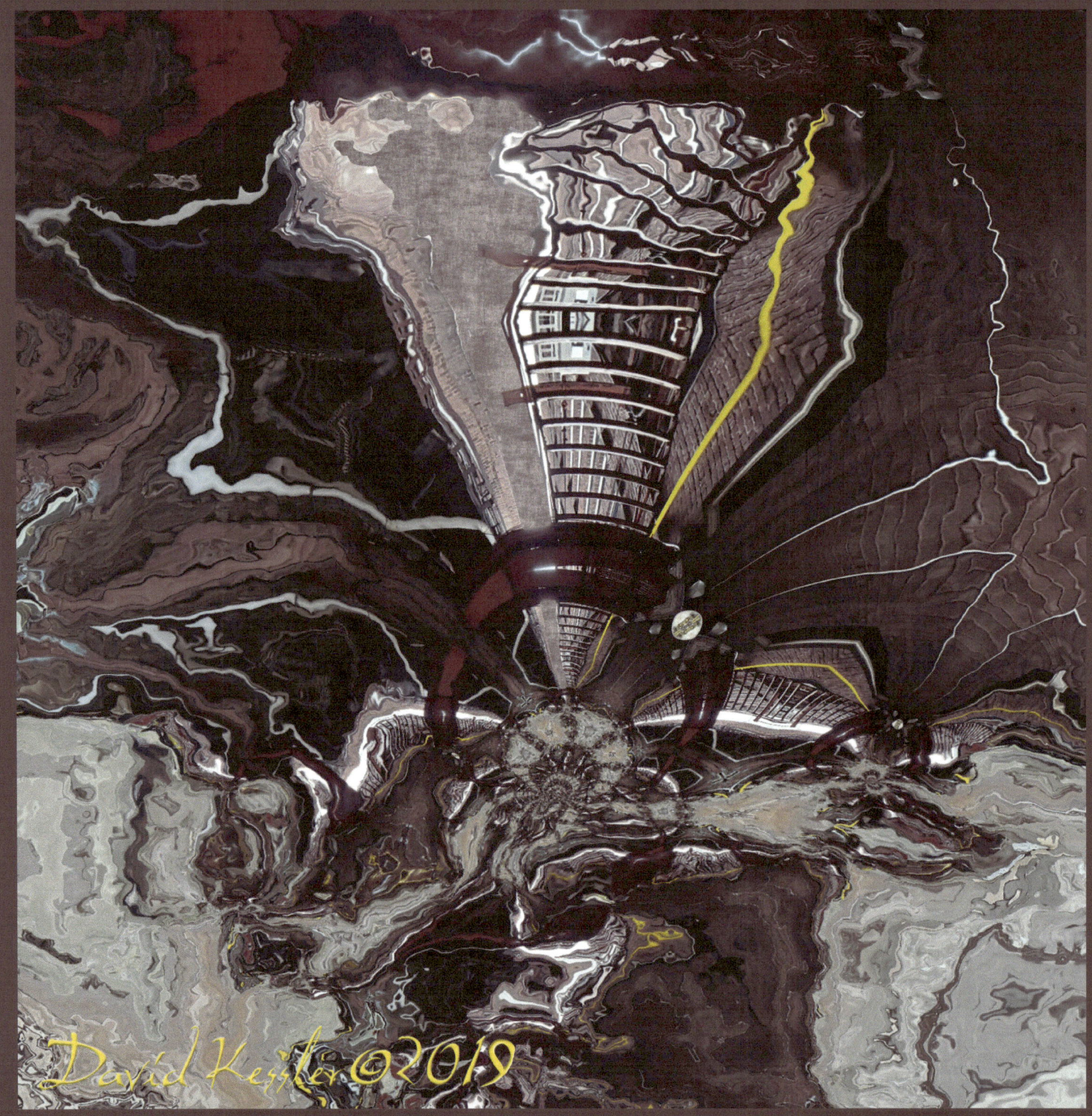

David Kessler ©2019

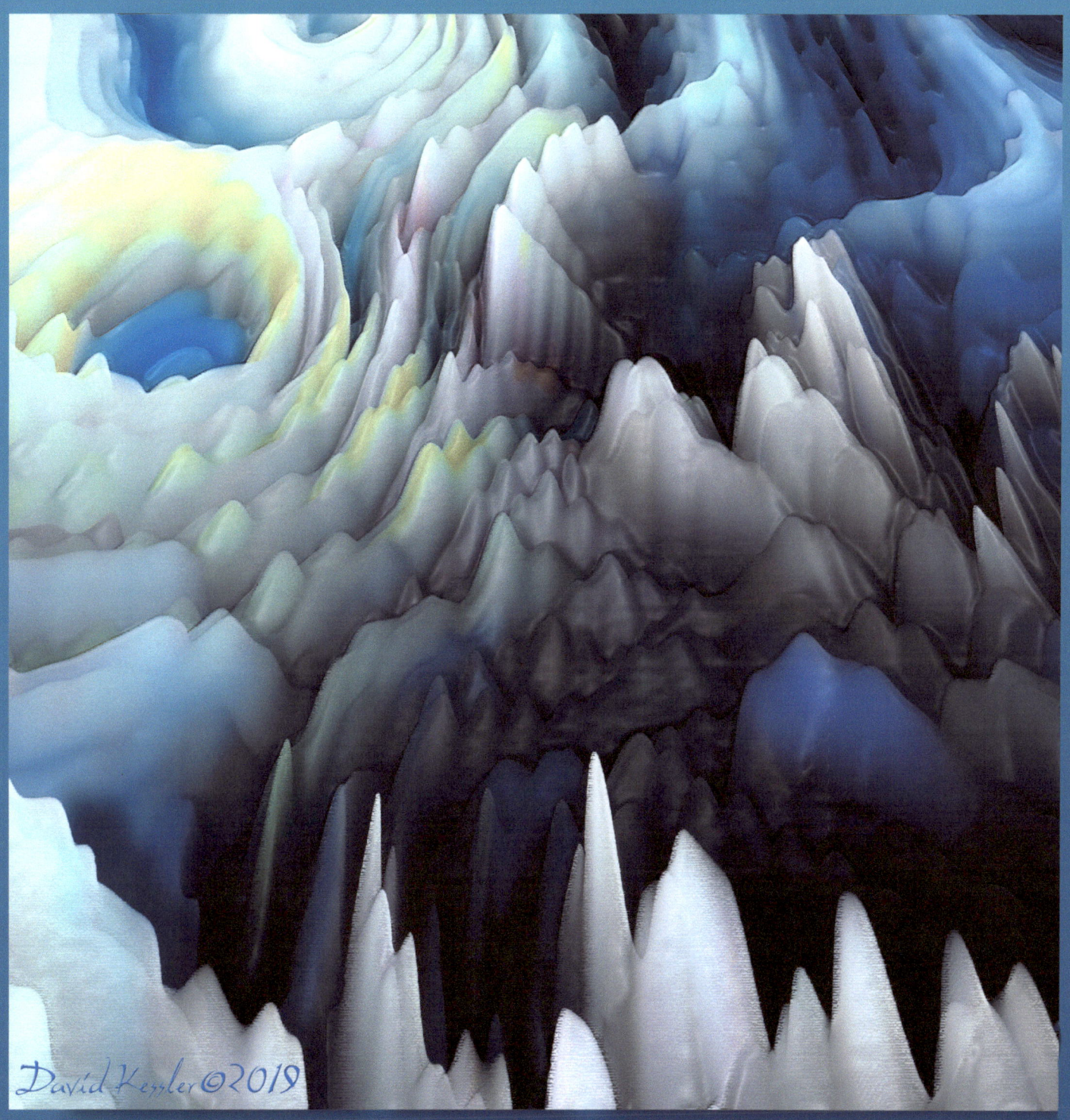

David Kessler ©2019

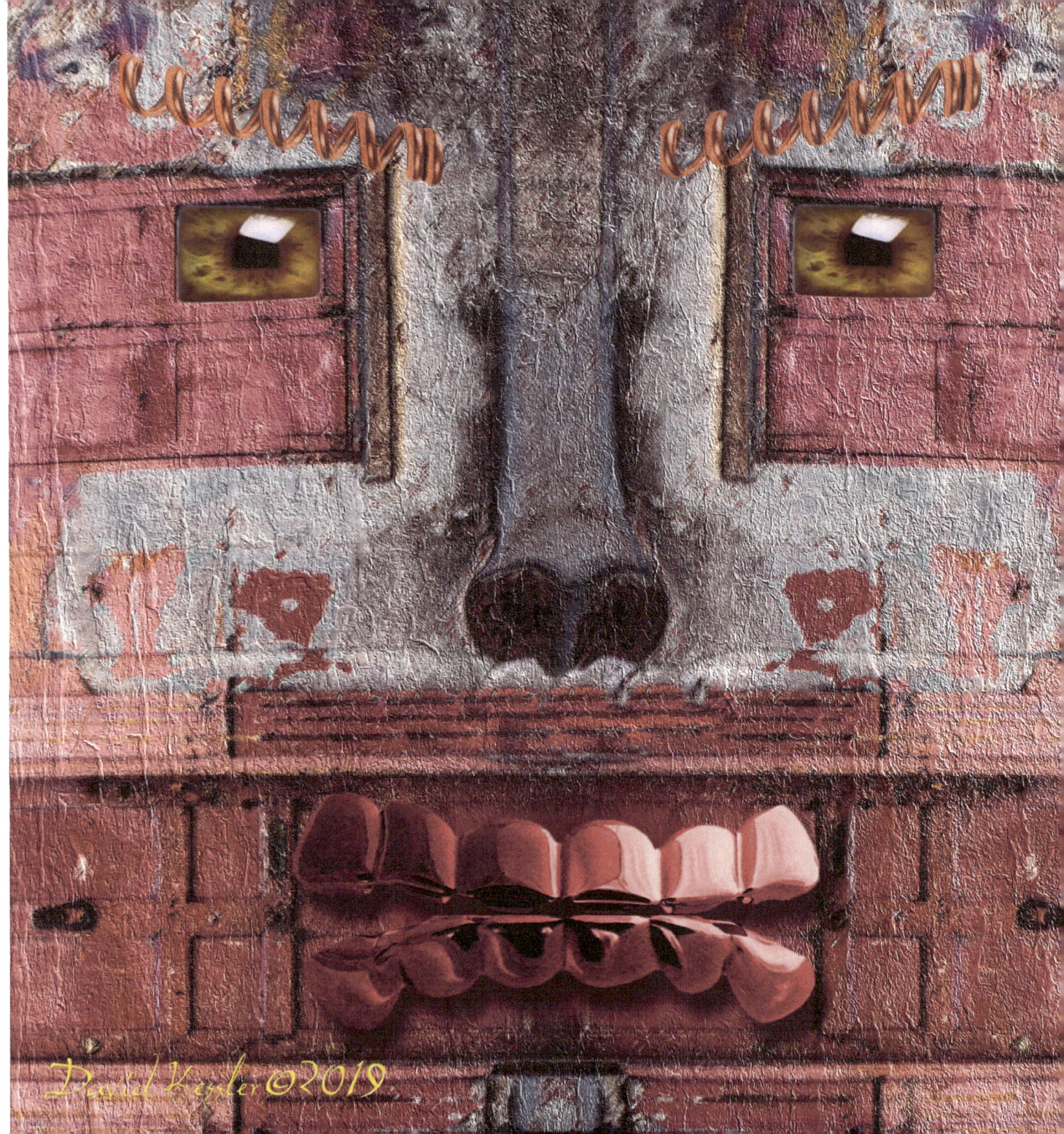

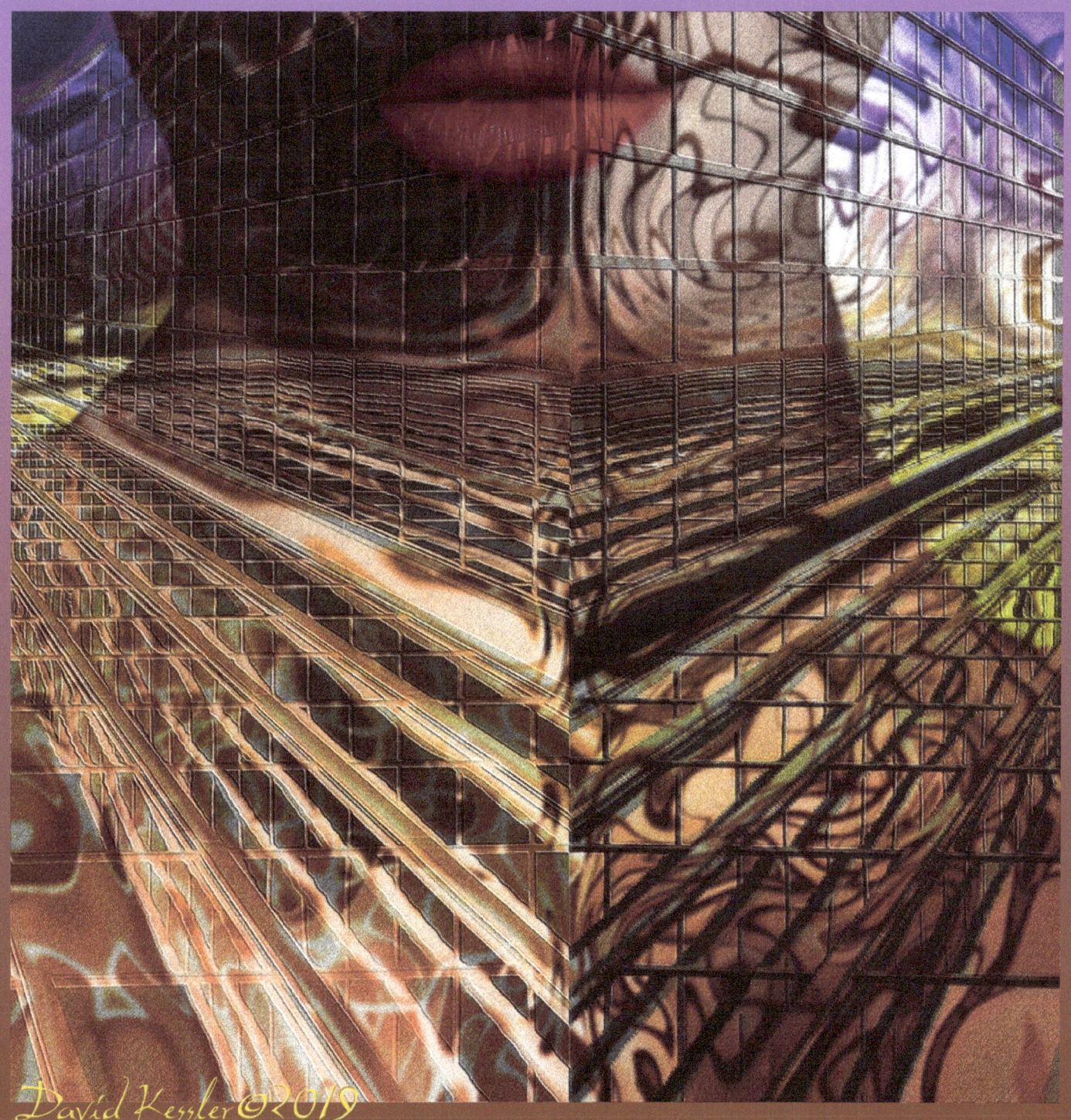

David Kessler©2019

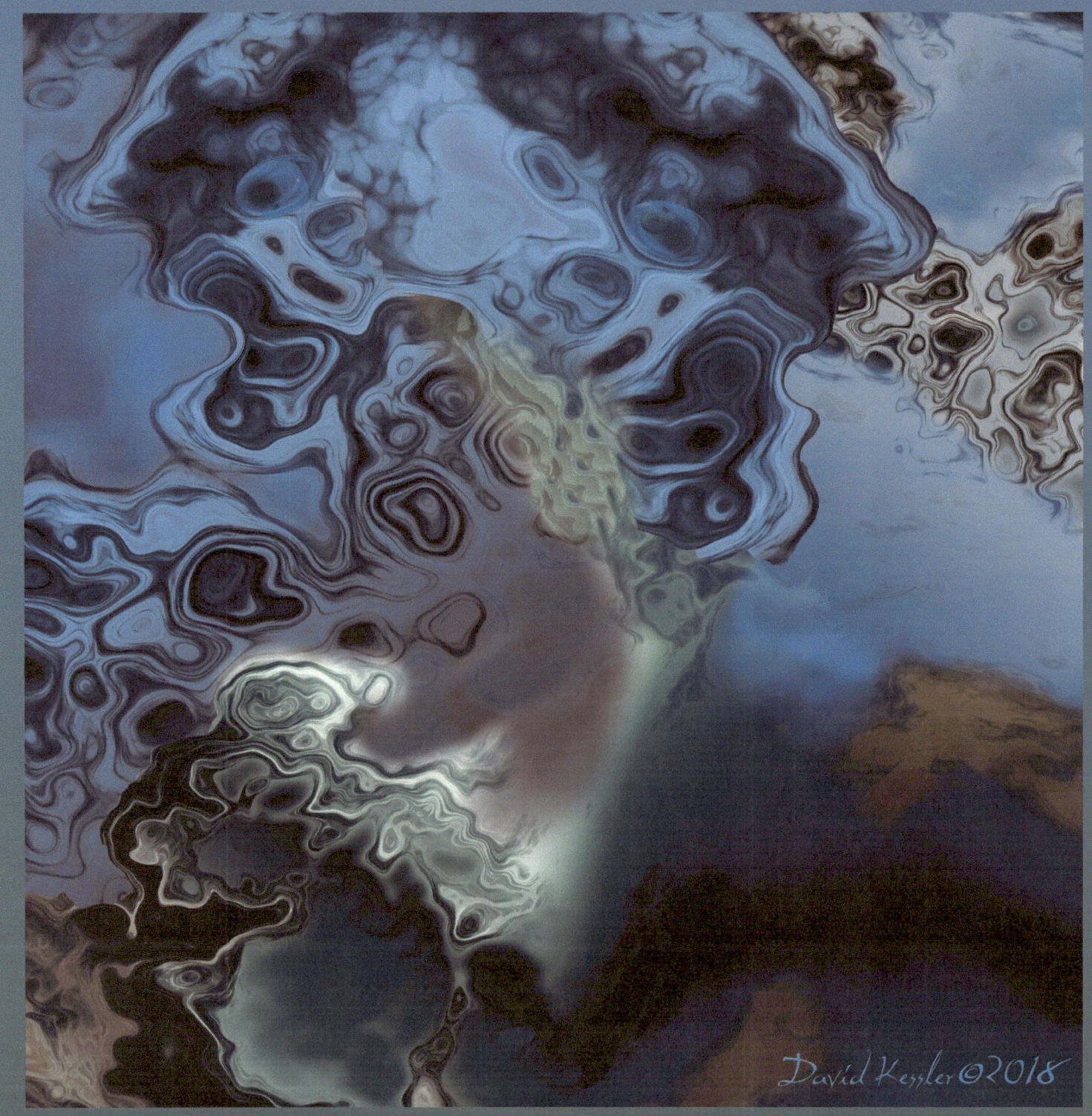

David Kessler ©2018

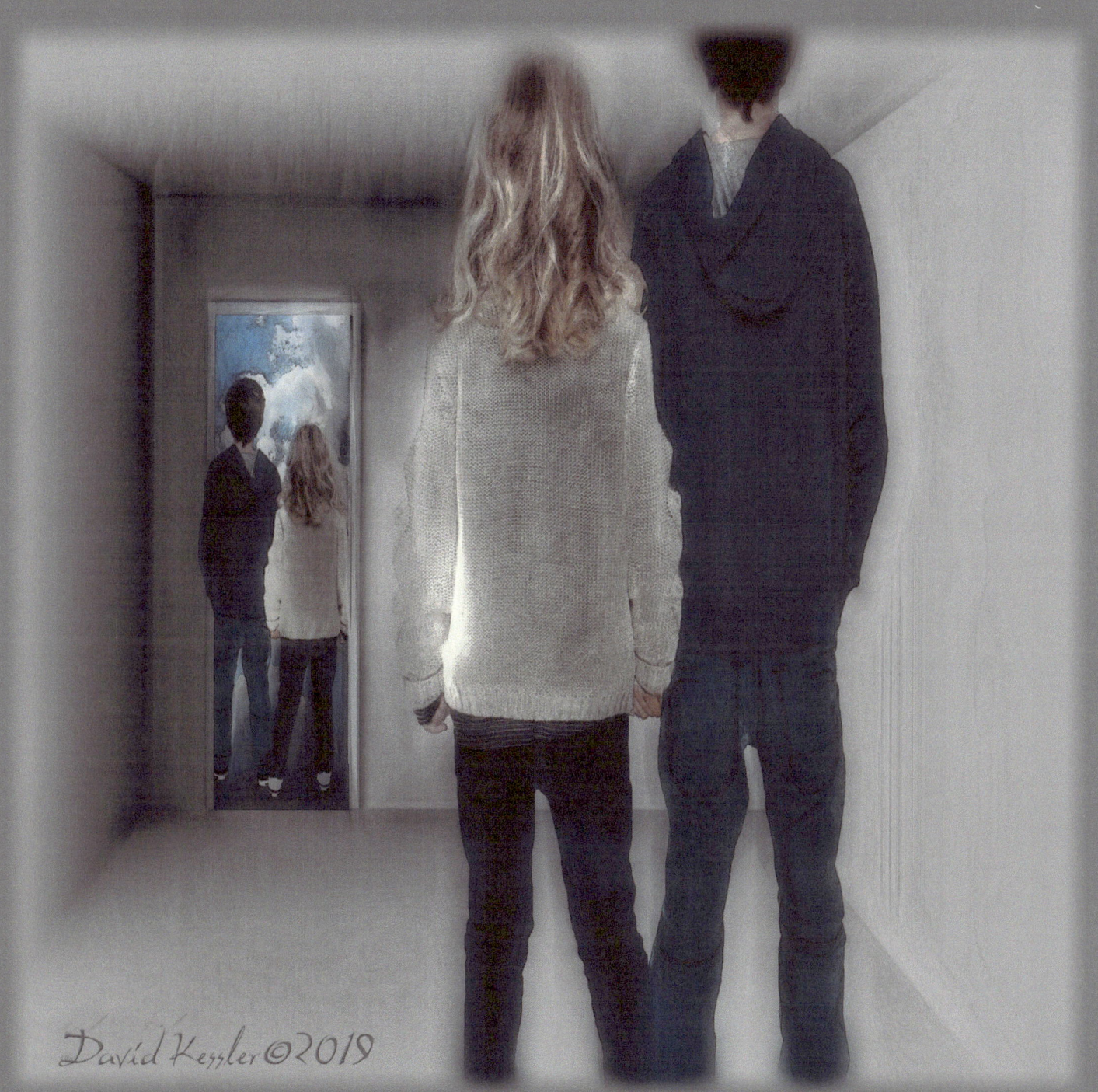

David Kessler©2019

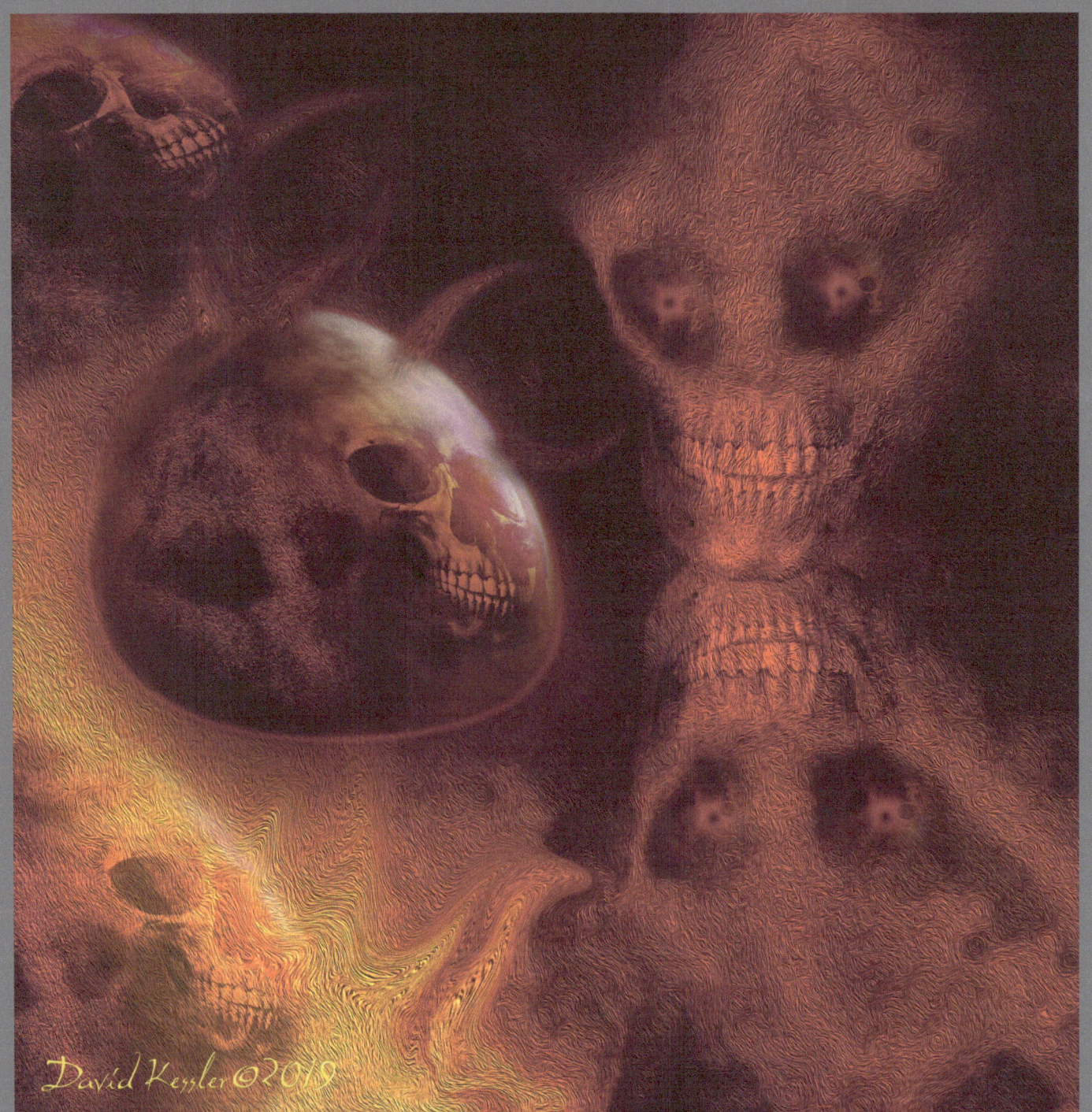

David Kessler©2019

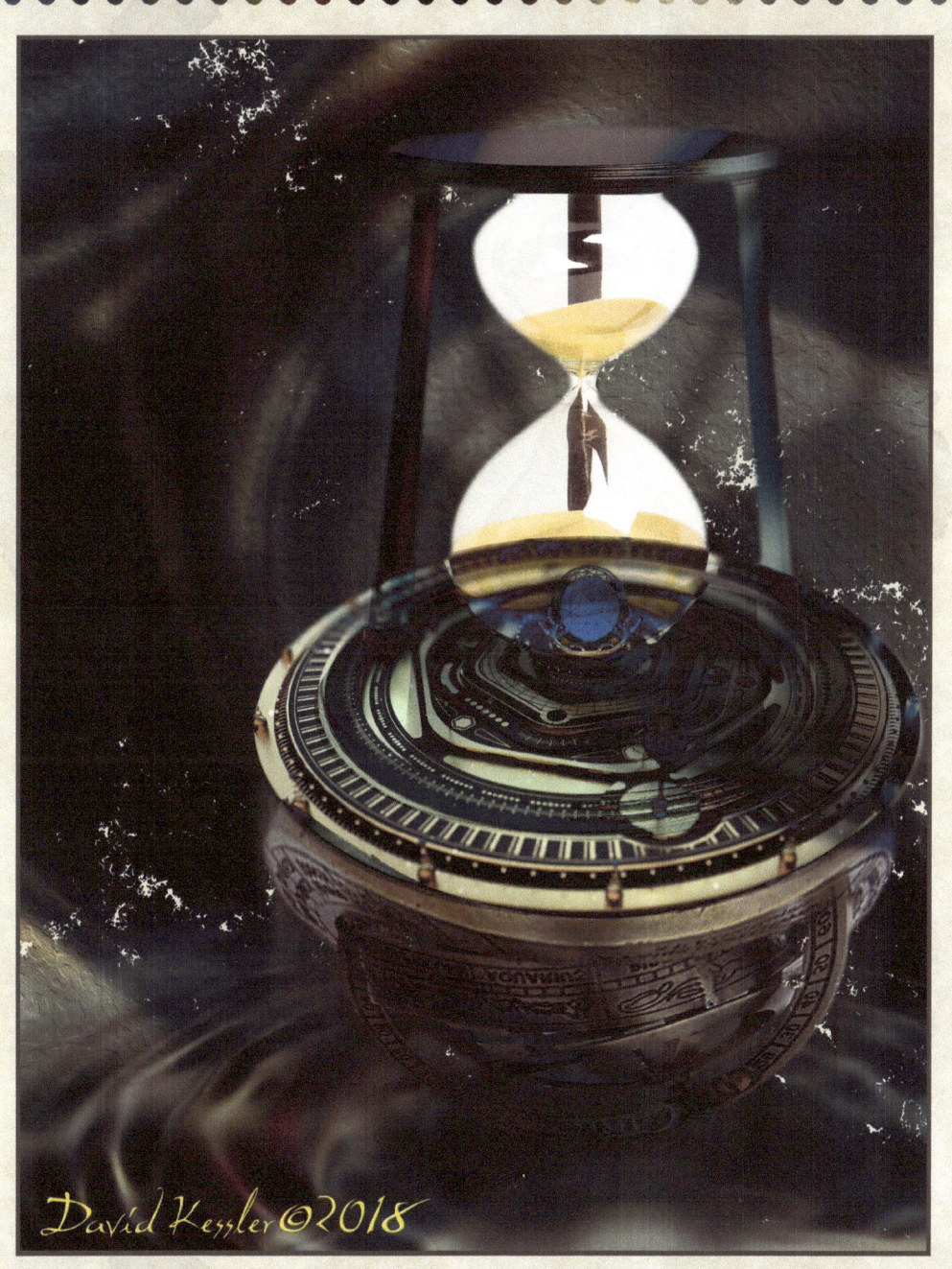

David Kessler©2018

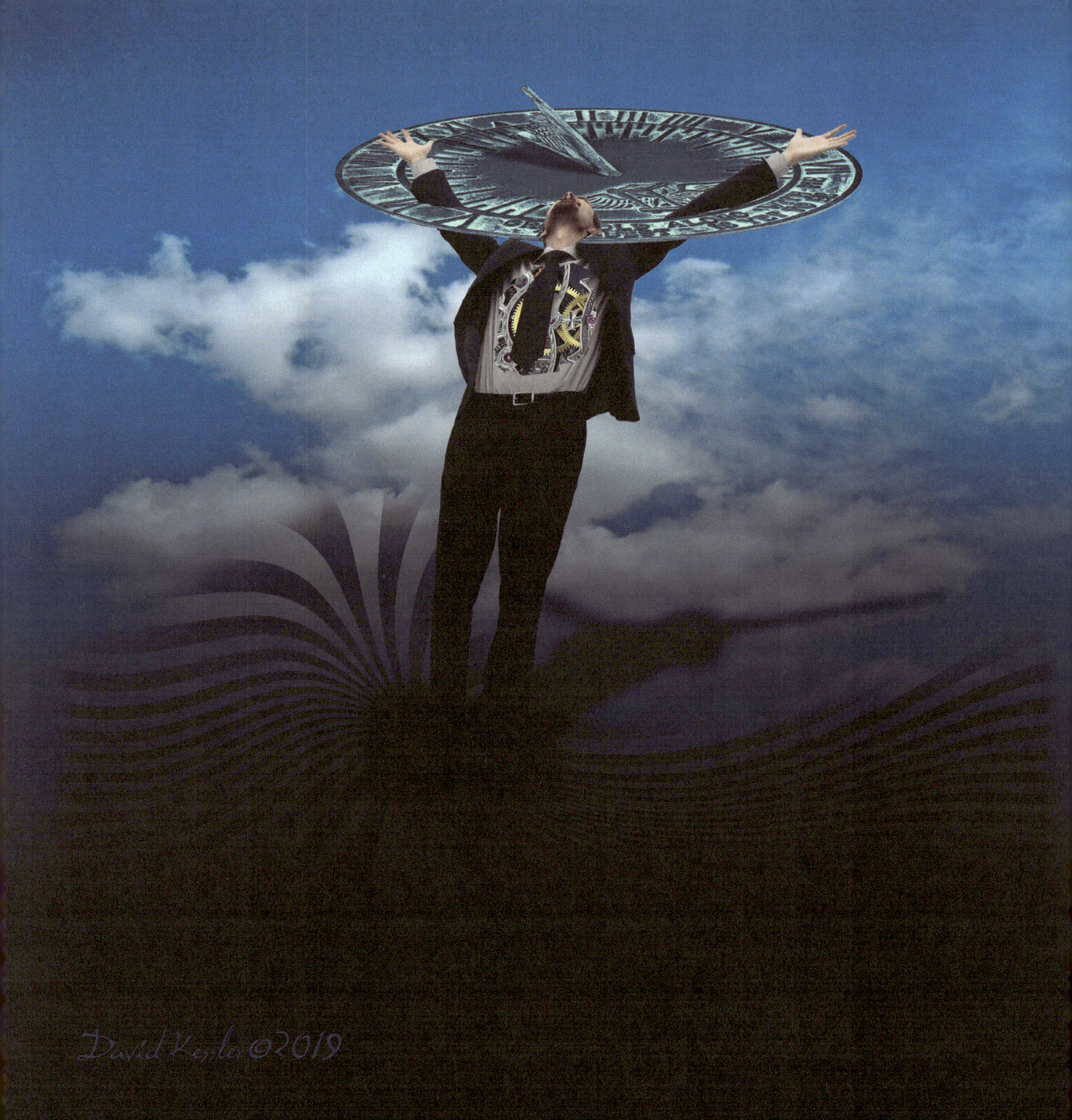

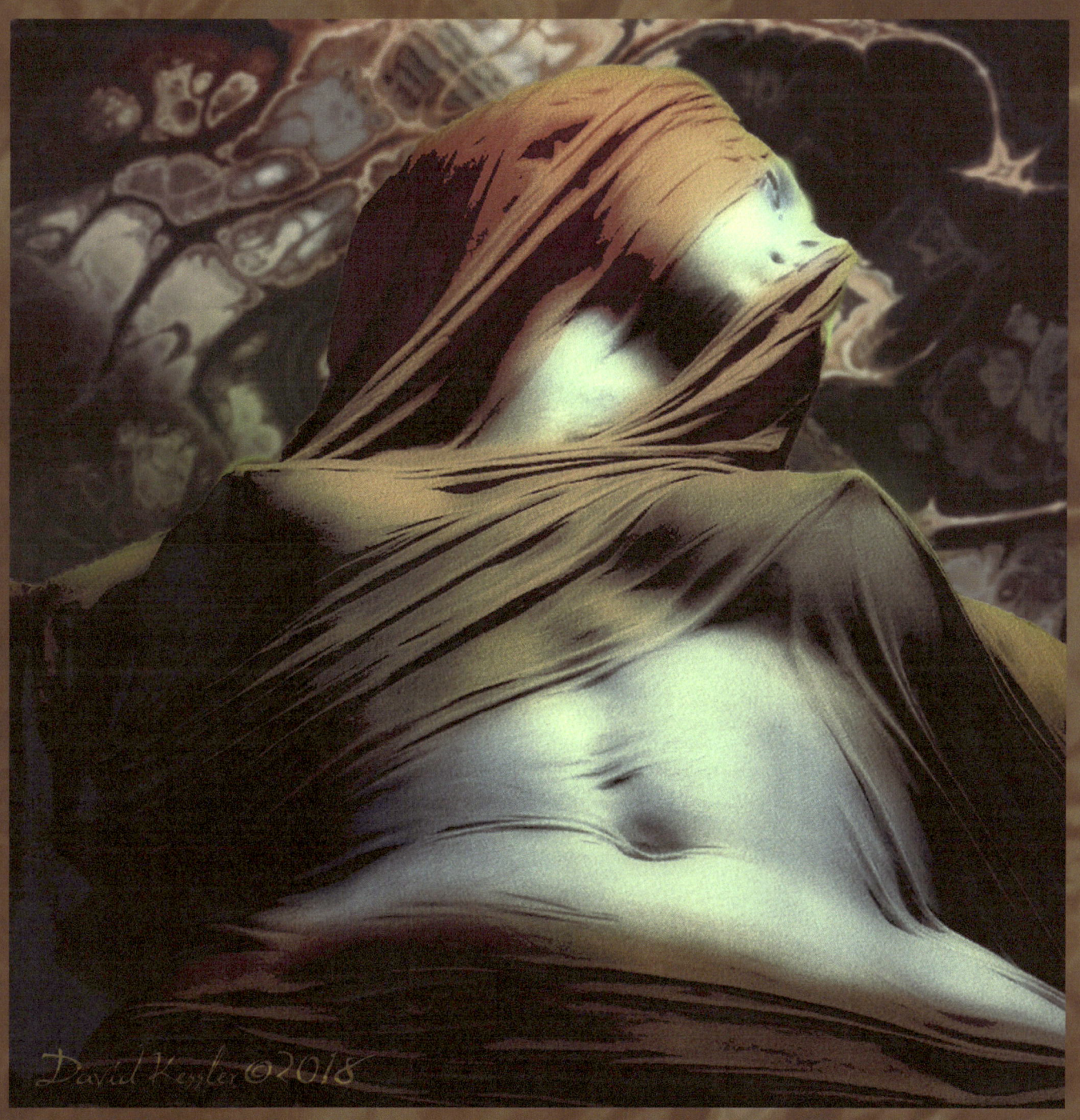

David Kessler ©2018

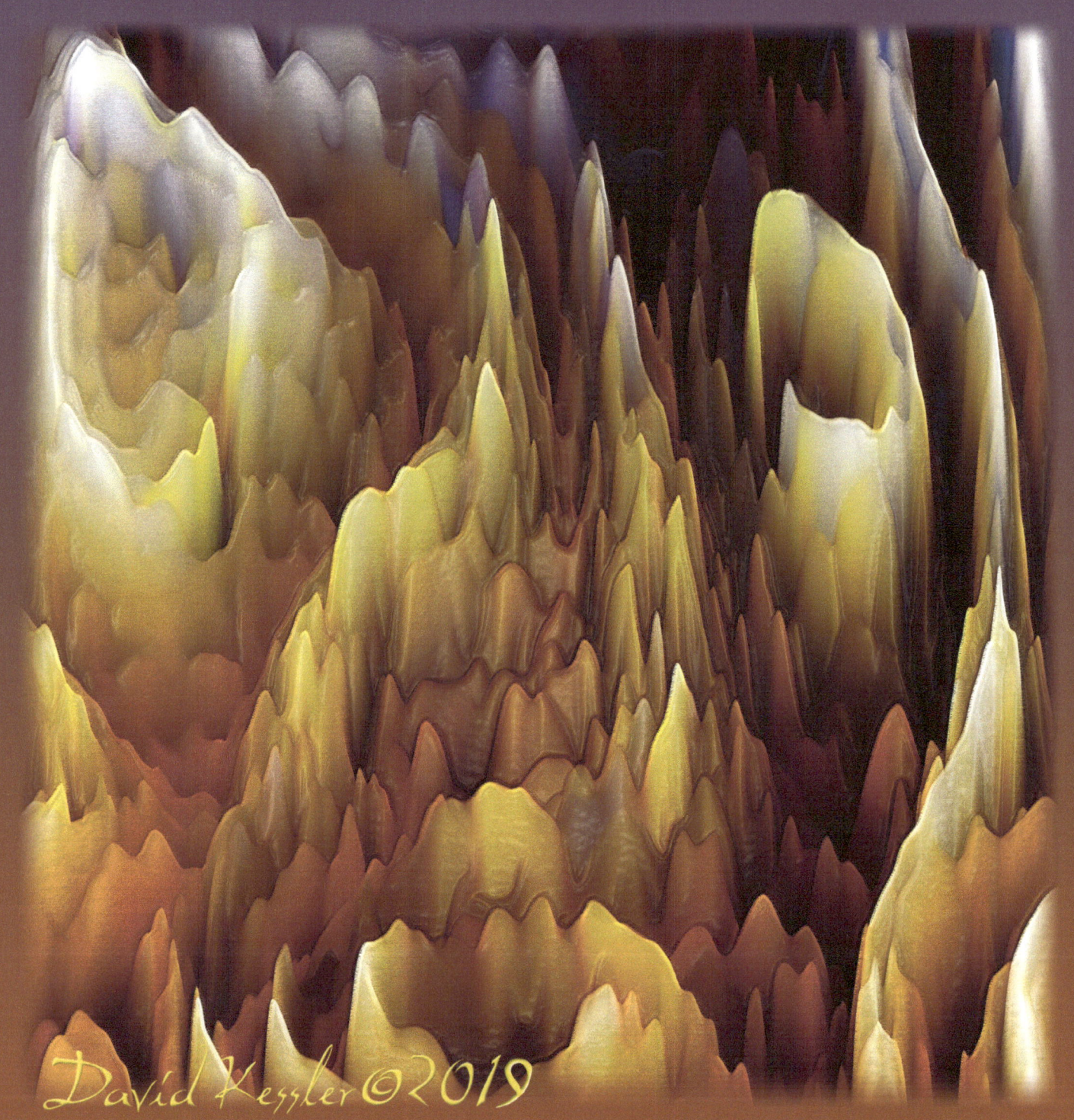

David Kessler©2019

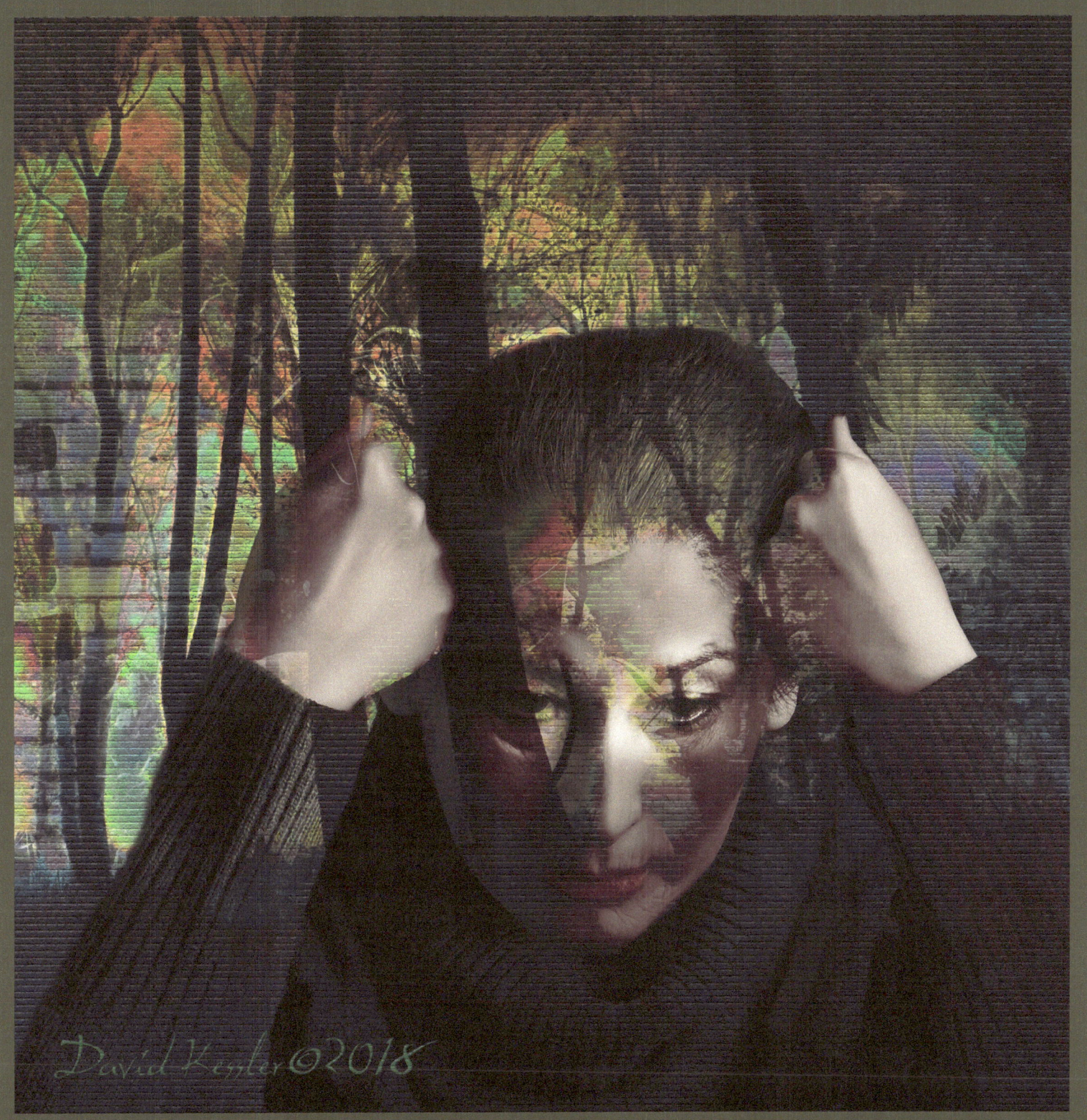

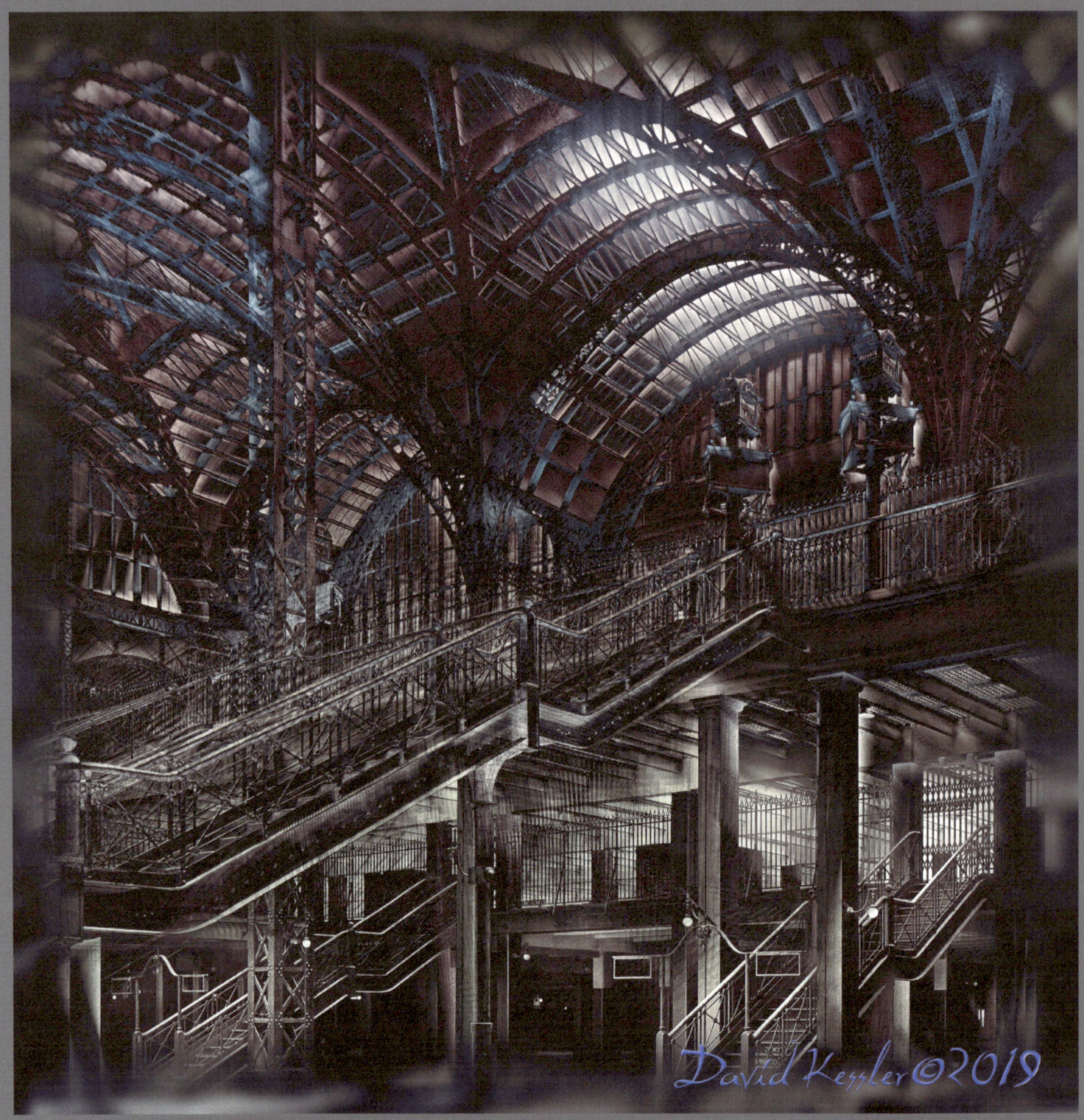

David Kessler ©2019

www.ingramcontent.com/pod-product-compliance
Lightning Source LLC
Chambersburg PA
CBHW041301180526
45172CB00003B/928